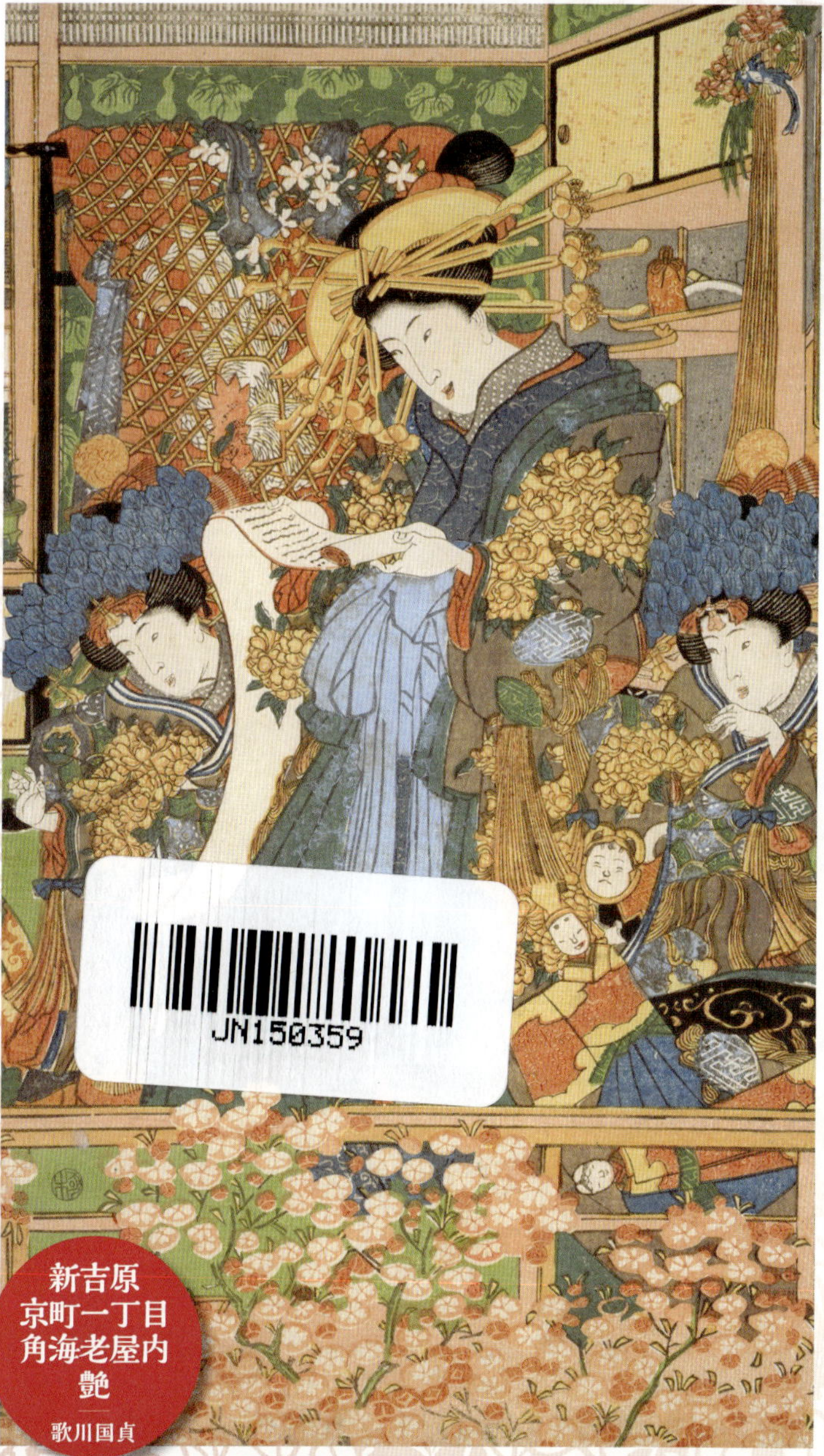

新吉原
京町一丁目
角海老屋内
艶

歌川国貞

前ページ・桜の花が満開の季節、妓楼（ぎろう）の2階にいる花魁（おいらん）は雲の上にいる天女のように見えたことでしょう。うっとり見上げているのであろう遊客に、その気になって手を振る禿（かむろ）がカワイイ。

禿を詳しく☞p134へ　桜を詳しく☞p46へ

（無題）

歌川国貞

ここは吉原のメインストリート仲の町。3月の桜、7月の燈籠（とうろう）、8月の俄（にわか）という吉原三景容＝三大ビッグイベントのメイン会場になったのもこの場所です。この絵は3月の桜の様子。電気のない当時、夜桜が楽しめるのは不夜城・吉原の特権でした。

仲の町を詳しく☞p43へ
吉原三景容を詳しく☞p71へ

7月には各店舗の軒先に燈籠（とうろう）が飾られ、幻想的なイルミネーションが楽しめます。ちなみにこの絵は団扇絵（うちわえ）という、切り抜いて団扇に張り付けるための浮世絵。現代でもよく見かける団扇広告の原型です。こうした出版メディアとのタイアップは盛んに行なわれました。

秋
四季の内
燈篭玉菊の見立

歌川豊国（三代）
（東京都立図書館蔵）

燈籠を詳しく☞p69へ

吉原仁和嘉
荻江松蔵
峰 いと

喜多川歌麿

客日照りになりがちな8月、吉原が打ちだした集客戦略が裏方スタッフによるコスプレイベント・俄（にわか）でした。ここに描かれているのも普段は座敷のBGMを担当している芸者たち。歌舞伎役者風の扮装、女性の男装など、趣向をこらした仮装行列で観光客を楽しませます。

俄を詳しく☞p70へ

哥麿筆
荻江

廓通色々青楼全盛

歌川芳藤

（山口県立萩美術館・浦上記念館蔵）

吉原を舞台にした浮世絵には様々な風刺が込められている場合があります。この『廓通色々青楼全盛（あそびはとりどりかごのにぎわい）』では遊客が鳥に見立てられています。また遊女も〝つまをとり（長い着物の褄〈つま〉をとって歩くこと）〟〝しゃくとり（お酌をすること）〟など、〝○○とり〟という仕草と鳥が掛詞になって描かれていますね。どちらも廓（くるわ）という籠にとらわれた鳥、ということでしょう。また中央では鷺（サギ）が燭台を振り上げ、左側のカラスと大喧嘩。鷺とカラスは、白と黒の羽色の対比から対立の象徴としてよく用いられるモチーフですが、着物の柄にご注目。鷺には萩の模様が、カラスには梯子（はしご）模様が描かれています。これはそれぞれ萩＝長州藩、梯子＝15代将軍・徳川（一橋）慶喜を示す暗号と考えられます。この絵が描かれた慶応3年は、長州藩と徳川慶喜率いる幕府の関係が悪化して一触即発の時期。そして政情不安や天災が重なり吉原が最も荒んだ時期でもあったのです。

幕末の吉原を詳しく☞ p116へ

廓通遊之青楼全盛

みどり
よし藤画

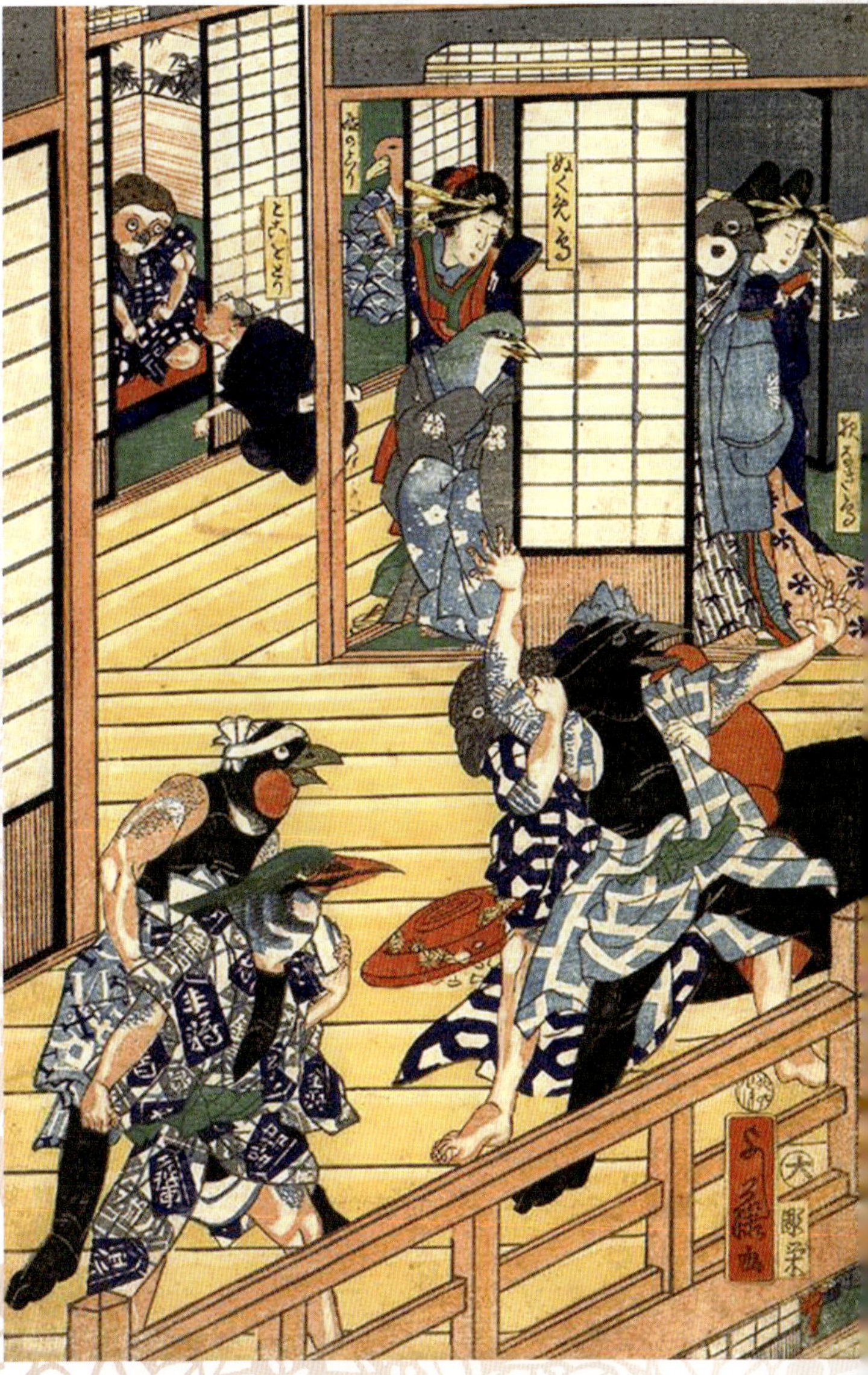

太夫花見立
芍薬 江戸町一丁目
扇屋内花扇

喜多川歌麿

吉原の遊女たちの重要な営業ツールが手紙。自分の紅や香りを手紙に移すなどの手練手管を駆使して、男性の来店を催促します。

扇屋花扇を詳しく
☞ **p101**
遊女の手練手管を
詳しく☞ **p135** へ

東都名所 新吉原

歌川国芳

吉原へと続く一本道、日本堤。顔を見られてはマズいのか手ぬぐいで顔を隠す訳アリ男子２人組、一刻も早く遊郭（ゆうかく）へ！ と急ぐ駕籠（かご）、遊び帰りらしきお兄さんは口をあんぐり開けて着物もズルズル…。いったい何があったのでしょう（笑）。お月様だけが知っています。

日本堤を詳しく☞ p38 へ

今様美人十二景 手がありそう

渓斎英泉

（足立区立郷土博物館）

馴染客からの手紙をくわえ楊枝で読む下級遊女。化粧の流行は時代によって変わり、江戸時代後期には、この絵のような笹紅（下唇に紅を重ね塗りして玉虫色にする）という厚化粧が流行りました。

化粧の流行を詳しく☞ p110 へ
下級遊女を詳しく☞ p151 へ

上から

青楼行事八景
居続の暮雪　菊川英山
(山口県立萩美術館・浦上記念館蔵)

東都新吉原呼出シ　歌川国貞

浮世姿吉原大全
仲の町へ客を送る寝衣姿
渓斎英泉

浮世姿吉原大全
名代の座舗　渓斎英泉

浮世姿吉原大全
引込新造の床　渓斎英泉

吉原はスゴイ

江戸文化を育んだ魅惑の遊郭

堀口茉純

Horiguchi Masumi

PHP新書

はじめに

吉原賛歌

　こんにちは。この本をお手に取っていただきありがとうございます。著者の堀口茉純です。私は歴史が大好きで、「もしタイムマシンがあったら、江戸時代の桜の季節の吉原に行って花魁《おいらん》道中《どうちゅう》が見てみたい！」と思っています。

　とある江戸をテーマにした講演会でこの話をしたとき、「花魁道中をしている遊女を

可哀そうだとは思わないんですか？」とお叱りを受けました。別の時には「破廉恥《はれんち》」「不謹慎極まりない」と言われ、その場が微妙な空気になったこともあります。

私は現代の公の場において、江戸の遊郭《ゆうかく》・吉原はアンタッチャブルな話題になってしまっているのだ、ということを痛感しました。

これは由々しき誤解です。吉原は江戸文化を語るうえで外すことのできない、アンタッチャブルとは真逆の「公に

落合芳幾『新吉原江戸町二丁目　佐野槌屋内黛突出しの図』

開かれた場所」だったのです。

たとえば、これまでのページですでに吉原を描いた浮世絵を何点か掲載しましたが、ご覧になって、どのような印象を持たれましたか？〝可哀そう〟〝破廉恥〟〝不謹慎〟だと感じたでしょうか？

吉原をテーマにした浮世絵は大量に存在します。遊女たちを女優やファッションモデルのブロマイドのように描いた美人画、日常生活や年中行事を紹介する風俗画、吉原という町自体を名所としてポストカード的に描いた風景画、双六《すごろく》で遊べるおもちゃ絵、団扇《うちわ》絵など、その形態は多岐にわたります。このことは購買層が老若男女問わず全世代に及んでいたことを意味します。手軽な江戸土産としても人気だったことでしょう。吉原は江戸を代表する観光地であり、遊女たちはそのアイコン的存在でした。

ちなみに浮世絵には性風俗を扱った「春画《しゅんが》」というジャンルがありますが、そこに描かれている女性の多くは一般人で、遊女が描かれているのは全体の一割弱と少なく、そのなかで吉原の遊女を描いた作品となるとさらに少数。

つまり、春画まで含んだ吉原の浮世絵において、性的な欲望を喚起させる意図をもった作品は圧倒的少数派だということ。吉原の浮世絵の商品価値＝人々の吉原に対する興味関心が、

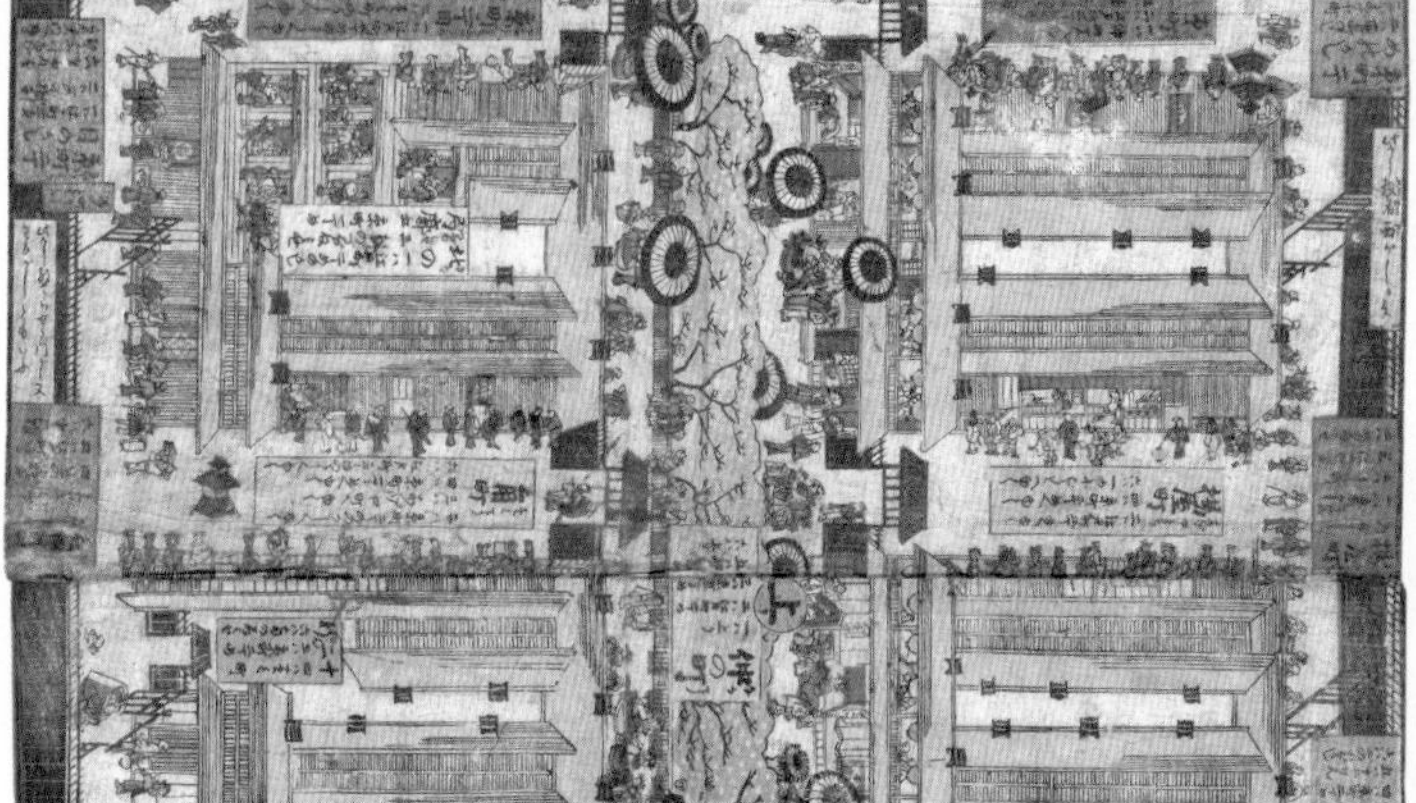

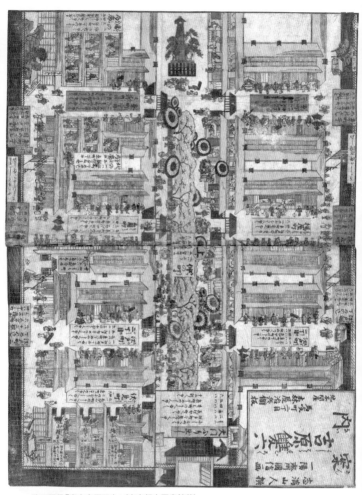

歌川国信『案内吉原双六』（東京都立図書館蔵）

性的なものとは切り離された部分にも大いにあったということなのです。

たしかに吉原は性風俗を主な産業として成り立つ風俗街であり、そこで働く遊女たちは性的サービスを提供することで金銭を得る女性という意味で売春婦。彼女たちの労働は過酷であり、現代人のモラルでは到底容認しがたい、果てしなくブラックな業態がまかり通っていました。これは紛《まぎ》れもない事実であり、この点に関して私は美化や正当化をするつもりはありません。

ただ、あまりにその部分が強調されすぎることによって、吉原に対する禁忌《きんき》感が生まれ、ネガティブな印象ばかりが広がってしまい、ポジティブな側面が見えにくくなっているのではないでしょうか。

私は本書で、遊郭・吉原のポジティブな側面、すなわち、いかに江戸文化の形成に貢献し、同時代の人々にとって大切な場所であったのかをお伝えしたいと思っています。

そんなことを言うと、なんだか堅苦しい内容なのかな？　と思われてしまうかもしれませんが、そんなことはありませんのでご安心ください。試しにこの先のページにパラパラと目を通してみていただけませんか。喜多川歌麿《きたがわうたまろ》、葛飾北斎《かつしかほくさい》、歌川国貞《うたがわくにさだ》、歌川広重《うたがわひろしげ》、歌川国芳《うたがわくによし》……吉原を愛した名だたるアーティストたちの力を借り、極彩色《ごくさいしき》の浮世絵や、精細に描きこ

まれた版本をふんだんに使って皆様を「目で見てわかる吉原の世界」にお連れします。

第一夜は江戸の庶民文化が成熟した文化文政期（一八〇四～一八三〇年）が舞台。公に開かれた〝公界《くがい》〟吉原への行き方から町の成り立ち、遊興のシステムに、お土産、イベント情報までをご紹介。遊客になった気分でお楽しみください。

第二夜では歴史を。各時代に活躍した代表的な遊女や芸者のスター名鑑とともに、吉原の誕生から隆盛、爛熟《らんじゅく》を経ての停滞、衰退、崩壊までたどります。

時系列で追ってみると遊女の装いが江戸時代初期と幕末では全くちがうことが一目瞭然。初期ほど高級素材をあえてシンプルに着こなし、化粧もほぼスッピンで、素材の良さを重視していたのが、時代が下るほど低予算でとにかくド派手な着物を身にまとい、化粧もけばけばしくなり、素材の良さが二の次になってゆく様子がわかります。

ちなみに、現代人のイメージする吉原の高位の遊女像に一番近いのは21ページのような幕末の花魁の装いでしょう。しかし完全にイメージが一致しないかもしれません。「あれ、肌の露出、随分少ないな

岳亭『吉原形四季細見』より

……」と物足りなさを感じませんか？　私は感じました（笑）。

　これは時代劇の、襟《えり》を抜いて項《うなじ》から背中にかけて大きく露出させたり、胸元を開いて鎖骨を見せるような着付けの扮装を見慣れているから。

　結論から言うと、ああいった格好は演劇表現ならではのもの。襟を大きく抜くのは鬘《かつら》の髱《たぼ》（頭の後ろに張り出した部分）に襟が当たって形が崩れるのを防ぐため。胸元を開くのは現代人の感覚ではそのほうが色っぽいと感じるからです。

　私もそのほうが素敵！　と思いますが、実際はどうだったかというと、高位になるほど無駄な露出はせず、派手な色柄を重ね着しました。こういった時代劇などのフィクションの吉原のイメージとのギャップも面白がっていただければと思います。

　第三夜では、吉原の住人たちにスポットを当てます。遊女をアイドルとして輝かせるため、華やかな妓楼《ぎろう》の舞台裏では楼主《ろうしゅ》を頂点とした運営陣の様々な思惑が錯綜《さくそう》していました。また遊女がいかに過酷な労働を強いられていたのかというブラックな一面にも触れていきます。その上で、最後に江戸時代の吉原の遊女の存在が同時代の人々にどうとらえられていたかという考察と私的見解を、〝遊女考〟としてまとめました。

　最後までごゆるりと、ご笑覧いただければ幸いです。

歌川豊国
『古代江戸絵集』より

吉原はスゴイ　江戸文化を育んだ魅惑の遊郭　●目次

第一夜
苦界は〝公〟界！　お江戸の特殊空間・遊郭への誘《いざな》い

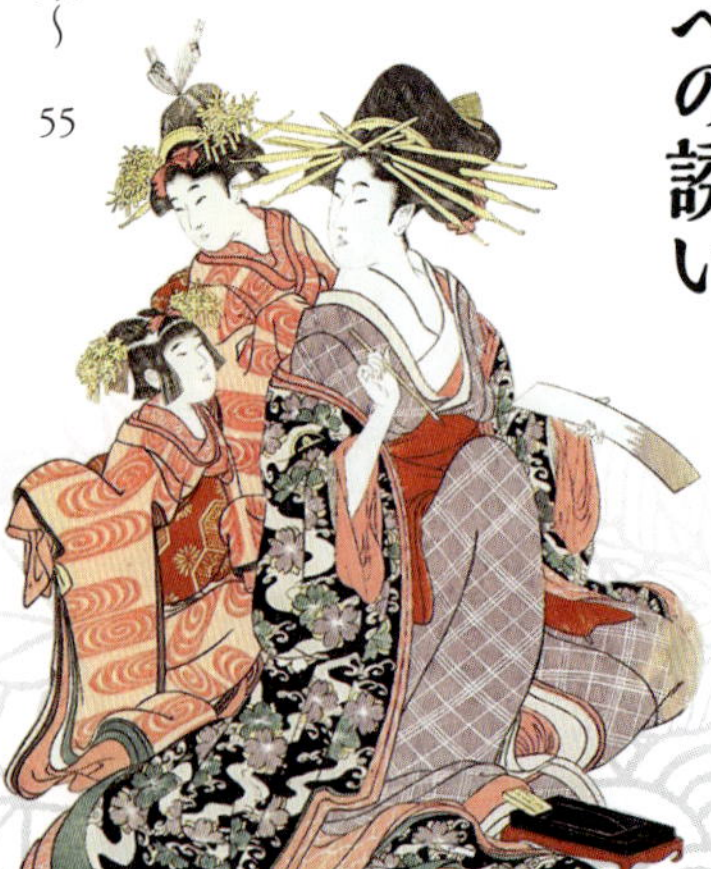

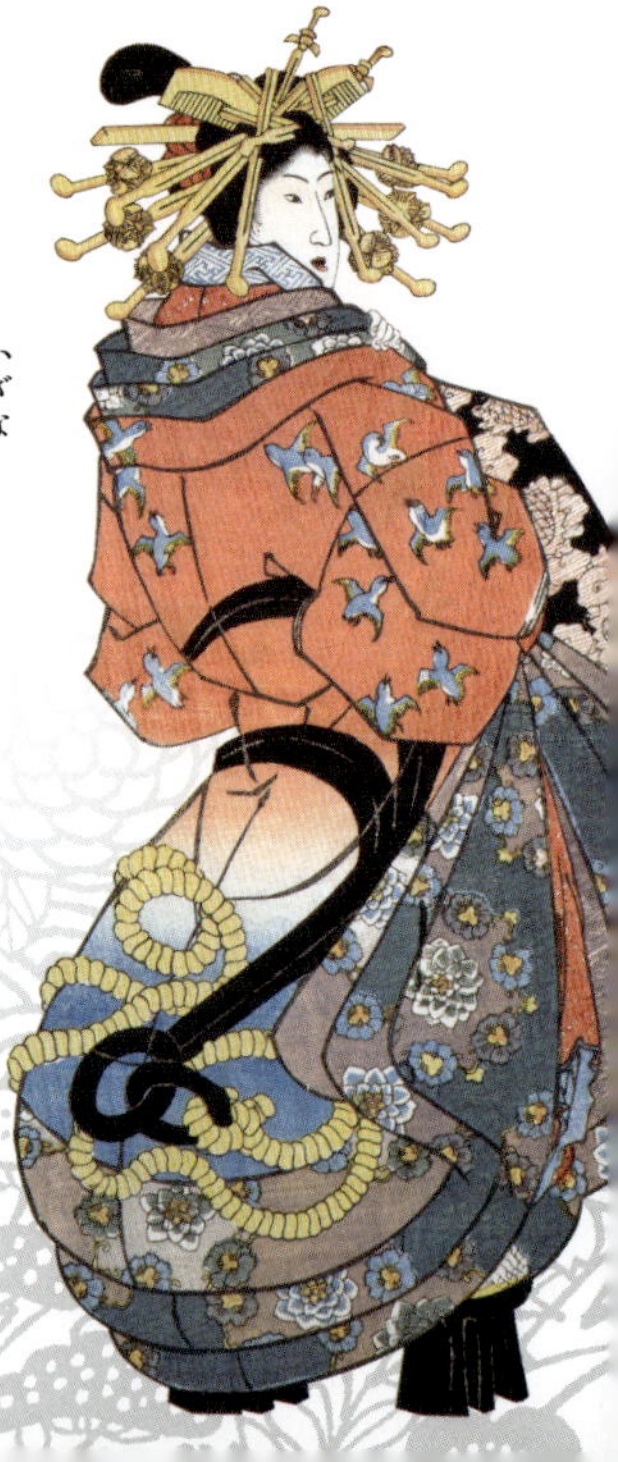

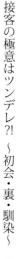

第二夜　スターとスキャンダルと共に振り返る☆吉原の歩み

第三夜 夢の国のリアル

本文デザイン…ウエル・プランニング
（浅野邦夫・吉田優子）

歌川広景『江戸名所道外尽　四十八　新よし原えもんさか』

挿絵出典

※所蔵記載のない画像は国立国会図書館などパブリックドメインのものです。

※コラム（74・75、76・77、164・165ページ）のイラストおよび漫画は著者の作画です。

第一夜

苦界は〝公〟界！
お江戸の特殊空間・
遊郭への誘《いざな》い

全　体　図

町の周囲にはお歯黒溝（どぶ）と黒い塀が張り巡らされており、一般世界との隔絶感がきわだちます。書入れにある、〝闇の世は　よしわらばかり　月夜かな〟の句の通り、新月の夜の暗闇のなかでもここだけは光に溢れていました。
まさに、不夜城の別世界！吉原にご案内〜。

吉原

歌川広重（二代）『東都新吉原一覧』（東京都立図書館蔵）：江戸の北のはずれ、浅草田圃（たんぼ）の中の一本道、日本堤を歩いてゆくと忽然（こつぜん）と現れる人工的な町、遊郭（ゆうかく）・吉原。広さは、横・京間 180 間（355 m）、縦・京間 135 間（266 m）およそ 3 万坪弱、東京ドーム 2 個分ほど。

いざ夢の世界へ……！

「〝北国〟から連想する場所はどこか？」

この質問を現代人にすれば、日本ならば「北陸地方」「北海道」、または世界を視野に入れて「ロシア」「フィンランド」と答える人もいることだろう。だが同じ質問を江戸人にすれば、**ニヤリと笑って「吉原」と答える**はずだ。

幕府公認の遊郭吉原は、江戸の中心部・江戸城の間近である日本橋人形町に造られたが、明暦三年（一六五七）の明暦の大火を機に浅草に移転した（歴史的な経緯については、第二夜の84ページ以下を参照）。当時の浅草はまだまだ未開発の辺境の地。江戸の中心地から江戸城の外堀を越えて遠く北に離れていたことから〝北国《ほっこく》〟〝北州《ほくしゅう》〟〝北里《ほくり》〟の通称で呼ばれるようになったという。

移転後の吉原は、お世辞にもアクセス抜群とは言い難い立地条件であったにもかかわらず、江戸時代を通じて、ほぼ廃《すた》れることなく、随一の歓楽街として繁盛した。**むしろ一般の生活圏からは隔絶さ**

鳥居清長『色男其所此所（いろおとこそこでもここでも）』より：猪牙船とは読んで字のごとく、猪の牙のように先端のとがった小型船のこと。とにかく速いのがウリで風の抵抗を減らすため長さ 7.6m、幅 1.4mと細長く、屋根もついていません。

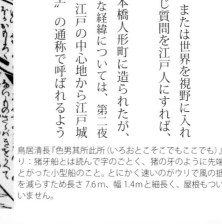

れた場所にあったことがプラスに働いたと言っても過言ではない。吉原へ往き来する遊客たちの通り道に名所、逸話、繁華街が多数生まれていることが、それを証明しているだろう。世知辛《せちがら》い日常のしがらみから遠く離れ、いざ夢の世界へ……！　遊客たちは〝北国〟吉原へ向かうその道程すら、楽しみの一つにしていたのだ。

ここで江戸時代後期の吉原での夜遊びを念頭に、遊客が吉原で本懐を遂げるまでに辿った「道のりのモデルケース」をご紹介しよう。

まず現地までは徒歩、馬、駕籠《かご》、船のいずれかで向かうことになるが、**王道と**

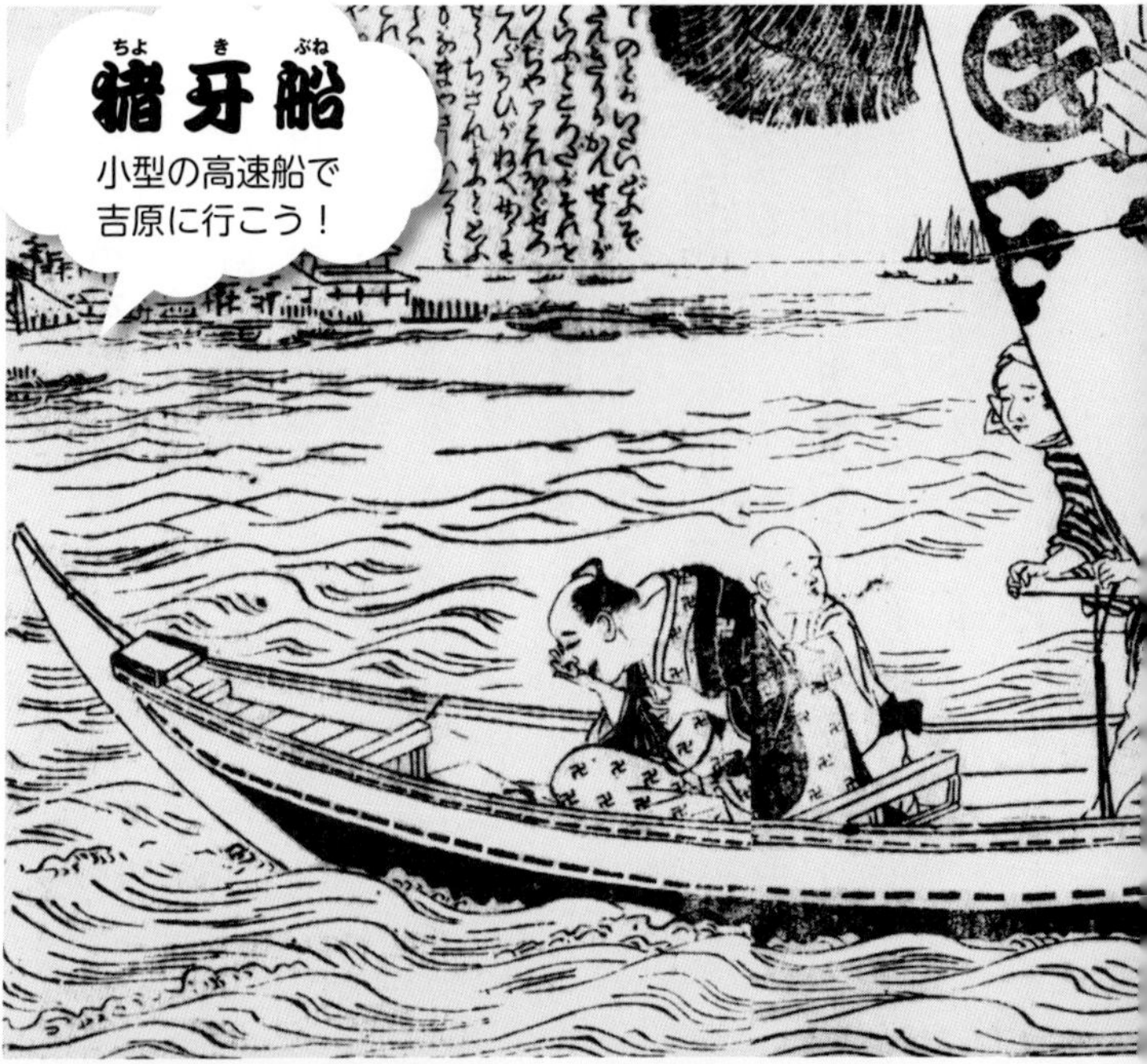
猪牙船《ちょきぶね》
小型の高速船で吉原に行こう！

されたのが船での移動だ。

乗船のターミナルとして人気が高かったのは**柳橋❶**。江戸城の外堀である神田川と隅田川の合流地点に位置しているため、江戸の中心部から船で隅田川を北上するルートを取るのに都合がよい立地にある。柳橋の周りには遊客をあてこんだ船宿や料理茶屋が密集し、**猪牙船**《ちょきぶね》がひっきりなしに発着していた。まさに小唄の〝♪柳橋から　小舟を急がせ〜〟の世界である。

隅田川を船で北上しはじめると、すぐに西岸に見えてくるのが御米蔵❷。全国の幕府直轄領から送られてきた年貢米の備蓄倉庫で、およそ四万坪という広大な

上・『東都浅草絵図』：御米蔵の川岸は夜になると逢引スポットに！　その独特な地形を利用して、堀に船を止めて逢瀬を楽しんだようです。

左・『江戸名所図会』より：隅田川から吉原に向かって伸びる水路・山谷堀。ちなみに柳橋〜山谷堀はおよそ3kmの距離があり、猪牙船の利用料金は148文（3000円程度）。

土地に八本の堀が通っていたのだが、五番堀と六番堀の間に**通称・首尾の松❸**と呼ばれる、川面にとどくほど枝ぶりのいい松が生えている。なんでも遊客たちが、**これから吉原に向かう者は今夜の、帰る者は昨晩の首尾に思いを馳せた**ことがその名の由来と考えられており、切絵図にも描かれている、このあたりのランドマークだ。

続いて現れる浅草寺の駒形堂❹を見れば、江戸人であれば知らない人はいない伝説の遊女・万治高尾が詠んだ俳句〝**君はいま　駒形あたり　ホトトギス**〟を想起せずにはいられない。ここまでくれば目的地はすぐそこ……、という気分に胸が高鳴る。

いよいよ船を降りるのが**山谷堀**。下船したら直接吉原へ向かうのではなく、まずは山谷堀の馴染《なじみ》の船宿で一服、もしくは料理茶屋で仲間と待ち合わせ、芸者を

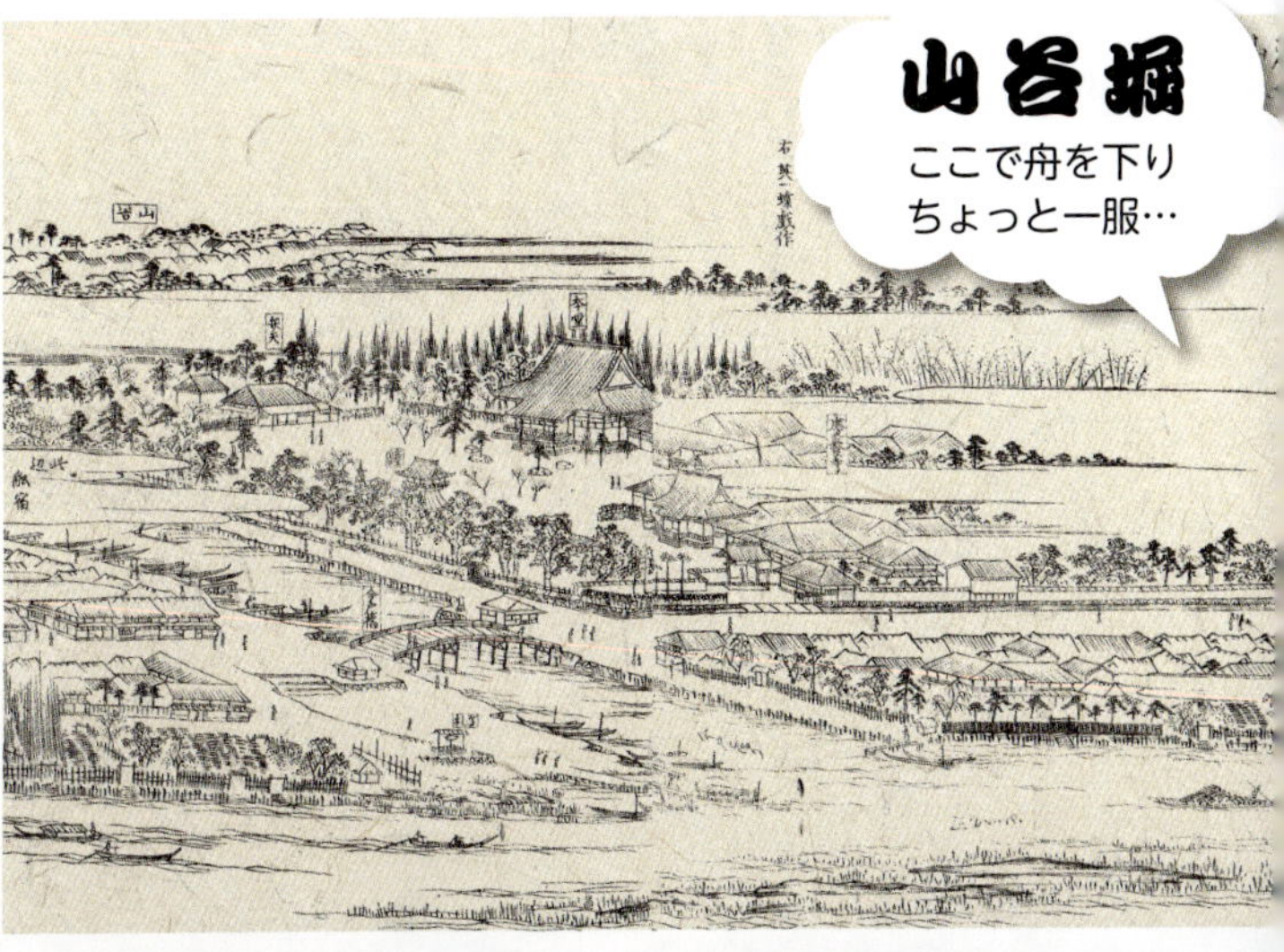

呼んで景気づけの宴席を、というニーズが多かった。このため山谷堀には江戸有数の花柳界が形成され、〝堀の芸者〟の愛称で親しまれた芸者衆が遊客をおもてなし。勝気ながら情に篤い接客で人気だった。近くにはお茶づけ一杯が一両二分（およそ一〇万円！）という逸話を持つ高級料亭八百善《やおぜん》もあり、吉原に辿り着く前にかなりの出費を余儀なくされるが、**ここでケチったら恰好《カッコ》がつかない**。金離れの良さも、吉原通いに求められる甲斐性の一つなのである。

　山谷堀からは、堀端の堤防・日本堤❶、通称〝土手八丁（吉原の入り口まで八町＝一キロ弱の距離があるため、こう呼ばれた）〟の道を徒歩か、もしくは駕籠で向かうことになる。この土手沿いにも、軽食や小物を売るよしず張りの小見世が多く立ち並んでいた。このあたりの名産が**浅草紙**だ。**山谷堀の水路を利用して古紙を集めて漉《す》き直して作る再生紙**で、トイレットペーパーや鼻紙として使われる日常生活の必需品だった。紙漉き職人たちは製作の過程で、材料を水にさらして冷やかす工程を山谷堀の水路を利用して行ない、その間ひまになるので吉原へ行って遊女たちを物色して時間を潰したという。遊ぶ気がないことは店側でもわかっているので、**〝冷やかしの客〟**としてあしらわれたことが、現在でも使われる〝冷やかし〟の語源と考えられている。

吉原の入り口

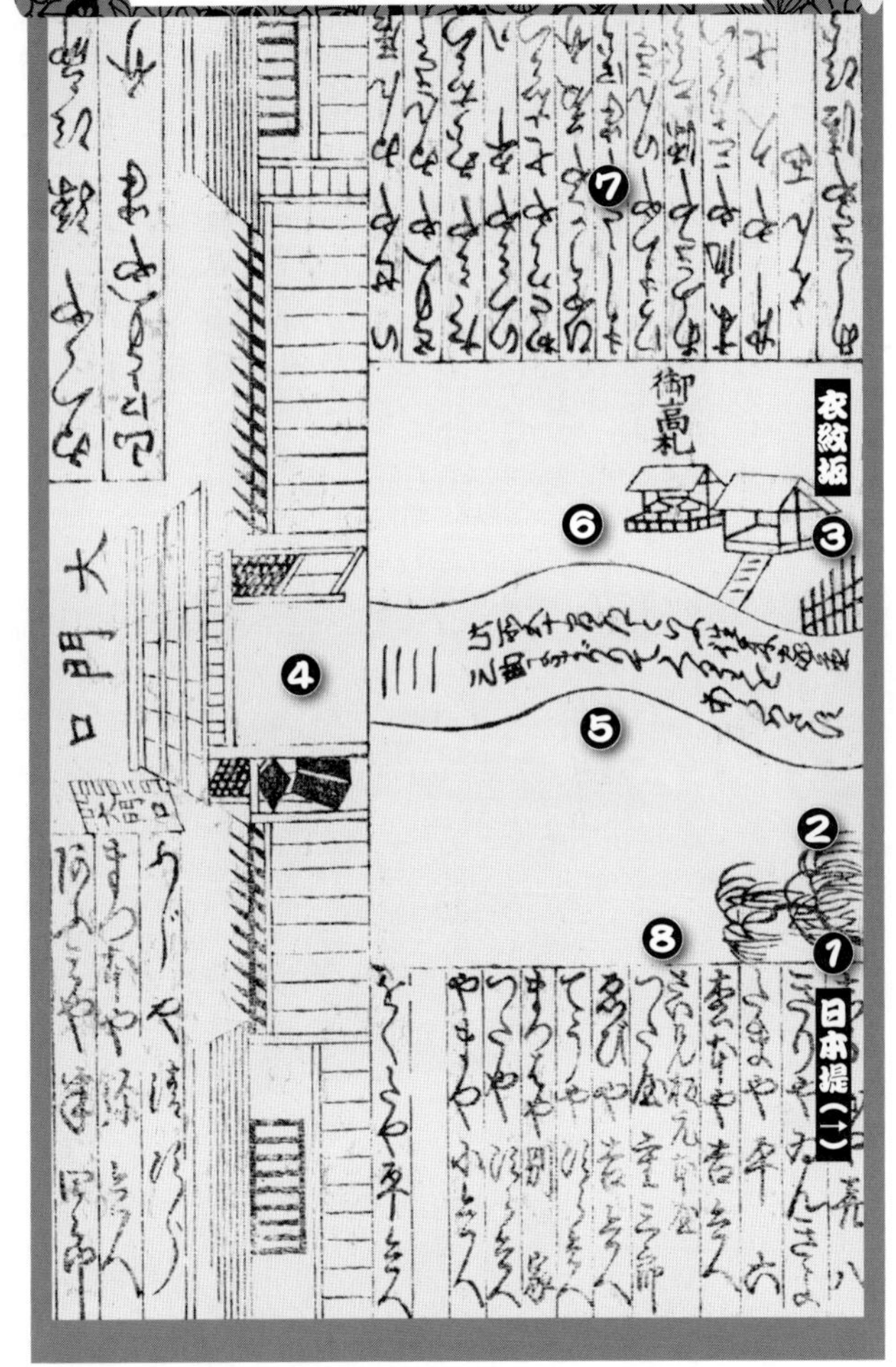

『吉原細見五葉枩（よしわらさいけんごようのまつ）（天明３年版）』より：吉原のガイドブック・吉原細見。これは天明３年（1783）発行で、❽の〝細見版元本屋・蔦屋重三郎〟がこの本の出版元兼販売所です。

吉原細見

そうこうしているうちに見えてくるのが、遊郭・吉原が間近であることを知らせる**見返り柳❷**。帰宅する遊客がここで名残惜しそうに遊郭内を振り返ったことがその名の由来だ。

日本堤の土手からのスロープは**衣紋坂**《えもんざか》**❸**。これから遊郭内に入る遊客が衣紋（着物の胸元の衿のこと）を直したことからそう呼ばれた。こうしたちょっとした坂道にまで洒落た愛称がついているのだから面白い。

土手上から吉原の正門である**大**《おお》

歌川広重『江戸高名会亭尽　新吉原衣紋坂日本堤』：〝極楽と　この世の間が　五十間〟という川柳があるように、カーブのある坂道が吉原と一般世界との境目になっていました。

門《もん》❹までは、カーブの効いた**五十間《けん》道**❺。もともとの設計では直線だったが、町奉行の指導によって道をあえて屈曲させたという。設計変更の理由は定かではないが、実際に現地に行ってみると興味深いことがわかる。曲線が創り出す死角によって**見返り柳からは大門が、大門からは見返り柳が全く見えない**のだ。

　見返り柳のある日本堤は、一般道だから遊客に限らず様々な人が通る。町奉行の指導が入って設計変更されたことを考えると、刺激の強い光景を無防備にさらすこと

お歯黒溝《はぐろどぶ》

まるで城郭のお堀のよう?!

がはばかられて、設計を変更したのかもしれない。五十間道には他にも郭内でのルールを書いた高札場❻や飲食店、妓楼《ぎろう》までの手引きをしてくれる引手茶屋などの各種茶屋❼、吉原のガイドブック・吉原細見を売る版元❽などが軒《のき》を連ねた。

いよいよ**大門**に到着だ。ここから先が遊郭・吉原である。

ちなみに遊郭というのは**政府（江戸時代の場合は徳川幕府）が公認した遊女を集団定住させるためのエリア**のこと。当時は全国に多数の遊郭が存在していたが、なかでも最大規模を誇ったのが江戸の遊郭・吉原だ。32・33ページの浮世絵を見てわかるように、もともとは田圃《たんぼ》だっ

歌川国貞『尾尾屋於蝶三世談（おびやおちょうさんせものがたり）』より：お歯黒溝に戸板を渡して、遊郭を脱走?!　これはあくまで物語でのお話。現実のお歯黒溝の幅は当初は 5 間（9 m）、後に 2 間（3.6 m）ほどの幅があり、ちょっとやそっとでは渡ることはできません。

た二万八六〇〇坪もの広さの土地を人工的に四角く埋め立て、周囲を通称・**お歯黒溝《はぐろどぶ》**と呼ばれる堀で囲み、出入り口は大門一か所に制限していた（非常時にはお歯黒溝に跳ね橋が架かり、田圃のほうに逃げられるようになっていた）。**まるで城郭を思わせる造り**なのが特徴だ。

大門から先は、急患対応の医者以外は駕籠から降りる決まりになっており、両側には番所が置かれ、ゲートキーパーが目を光らせている。左側は面番所《めんばんしょ》という町奉行から派遣された同心と岡っ引きの詰所で、遊客にまぎれて不審者や犯罪者が入り込まないよう監視。右側は四郎兵衛《しろべえ》会所《かいしょ》という吉原サイドの番小屋で、総名主の三浦屋が雇人の四郎兵衛を常勤させて、遊女や未払いの客の脱走を監視したことからついた名称である。なんだか物々しい感じがするが、吉原は**一般世界とは隔絶したいわば治外法権の特殊空間**だ。痴情のもつれ、金銭トラブル、心中騒動などが日常茶飯事的に起こりうる環境のなかで、**遊郭としての世界観を守り、安心安全に遊ぶための治安と秩序を守るシステムが徹底**していたのである。

なにしろ、大門をくぐればそこは別世界なのだから。

仲の町の演出力

中に入ると目の前に現れるメインストリート・仲《なか》の町《ちょう》にまず度肝《どぎも》をぬかれる。大門から水

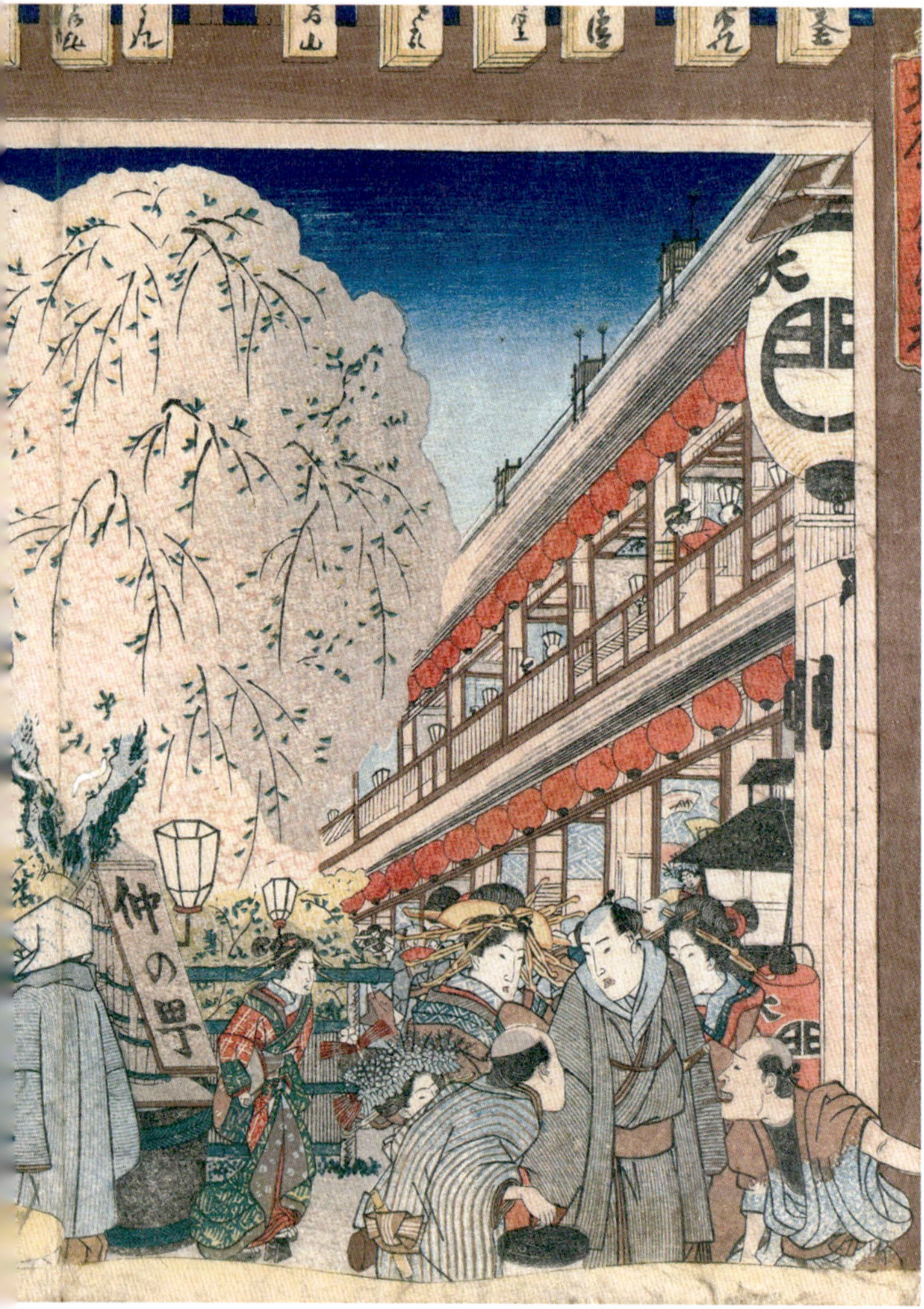

質素倹約をスローガンとする幕府への申し訳に、大門自体は意外にも地味な造り。
上部には商売繁盛や火伏のお札を大量にはって縁起を担いでいます。

歌川国貞『北郭月の夜桜』：大門からメインストリートの仲の町を見るとこんな感じ。真ん中の植え込みは3月には桜と山吹、5月には小川を作って船板の橋を掛け、菖蒲（しょうぶ）を植えるなど季節を感じる演出で遊客を楽しませせました。

道尻と呼ばれる突き当りまで、長さ一三〇間（およそ二三〇メートル）ほどの直線道路が提灯に照らされて、夜でも明るかった。電気照明のない当時、夜にこれだけの光に照らし出される場所は他にない。各妓楼からは清掻《すががき》（三味線のお囃子《はやし》）の様々な旋律が絶え間なく聴こえてくる。**まさに不夜城！**

ちなみに仲の町には、前のページの浮世絵のような桜並木がいつもあったわけではない。桜のシーズンに入る旧暦の三月一日、咲き始めた千本もの桜を移植し、足元に山吹を植えて竹垣を張り巡らして、夜は雪洞《ぼんぼり》でライトアップ。この時期だけの桜並木を創り上げたのだ。散り始めたものから撤去して、汚らしい姿は見せなかったともいう。この美意識の高さよ。

花見時以外は季節に応じた催しが行なわれるイベント広場となり、様々な趣向を凝らした演出で外から来た遊客を一気に夢の世界に引き込んだ。吉原名物、**花魁《おいらん》道中**が行なわれるのも、この仲の町である。パリコレのトップモデルのランウェイよろしく、豪華に着飾った花

『守貞謾稿』より：江戸時代初期、揚屋（あげや）制度があったころの太夫（たゆう）・三浦屋高尾（みうらやたかお）。詳しくは89ページへ！

魁が高下駄《たかげた》を履いてゆっくりと闊歩《かっぽ》する様子を見れば、嗚呼《ああ》、吉原に来たんだなぁ……という感動で胸がいっぱいになること請け合いだ。

花魁道中は、もともとは客に指名された遊女が**揚屋**《あげや》に向かう道中のことを指した。かつての吉原では、高級な遊女は揚屋という贅沢《ぜいたく》な貸座敷に呼び出して床入《とこい》りまでを行なったので、指名された花魁と妓楼の従業員がゾロゾロと出かけて現場で接客した。この行列が様式化されて花魁道中と呼ばれるようになったのだ。莫大なコストがかかることから、やがて揚屋制度は廃れて江戸時代中期に消滅したが、花魁道中は文化として残ってゆく。

本章で取り上げている江戸時代後期の吉原の花魁道中には二種類あり、一つは年始や祝日、新しい遊女のお披露目《ひろめ》などのイベントの日に妓楼をあげて行なわれた盛大なパレード。もう一つは**呼び出し**（指名）を受けたときや、**仲の町張り**（予約客を仲の

『守貞謾稿』より：わっせ、わっせ……。
遊郭（ゆうかく）内は駕籠（かご）禁止なので、雨の中の移動は大変！

町で出迎えること）のために花魁が引手茶屋に出かける際に行なわれる日常的なパレードだ。小規模とはいえ妹分たちを従えて歩く様子は充分豪華で見応えがある。

引手茶屋は案内所

仲の町の左右に軒を連ねているのが**引手茶屋**という吉原の案内所（仲の町以外の大門の外などにも数件あった）。客の希望や予算に応じて遊女や妓楼を紹介し、必要があれば共に登楼《とうろう》して一切の面倒を見

で引手茶屋にやってきたところのようです。これだけ豪華な衣装だと花魁１人では身動きがとれないので、禿（かむろ＝花魁の妹分の子供）がついて何かと世話を焼きます。

てくれる仲介業者だ。妓楼にはランクがあり、最高ランクの大見世《おおみせ》はここを仲介しないと登楼できない仕組みになっていた。それ以下であれば直づけといって直接妓楼に行って遊ぶこともできるが、**引手茶屋を通しているのといないのとでは妓楼での扱いがまるでちがう。**

引手茶屋を利用した遊客は、荷物や財布などの貴重品をすべて茶屋に預け、遊郭内では基本的に手ぶらで過ごした。その間に発生する見世へ

歌川国貞『吉原高名三幅対』：左側が仲の町張り中の花魁。長キセルでタバコを呑みながら優雅に客を待ちます。江戸時代は男女ともに喫煙するのが当たり前で、キセルはおしゃれアイテムの１つでした。立っている２人は呼び出しを受けて花魁道中

の支払いや遊女へのチップ、場を盛り上げるための芸者衆の手配、飲食費などは、すべて引手茶屋が費用を立て替えて、合算した金額をあとでまとめて請求するという仕組みだ。気付かないうちに巨額の出費がかさんでいた……なんてことももちろん起こりうるが、支払いが滞れば茶屋の負債になるので客の経済力に見合った斡旋をするし、支払能力がなさそうな場合

は当然、門前払いにした。つまり、**引手茶屋を通した遊客はきちんと金を回収できる客＝信用できる上客**と認定されたということなのだ。ちなみに下の絵の左上が引手茶屋の様子。呼び出した花魁の到着を宴会をしながら待っているお大尽客の座敷だ。羨《うらや》ましい！

引手茶屋の中で、最も格が高いのが大門をくぐってすぐ右手にある七軒（七軒茶屋。53ページの図の★）。仲介手数料にあたる妓楼までの送迎＋茶屋での飲食代込で一分（およそ二万円）で、その向かいの七軒（向こう七軒☆）は二朱（およそ一万円）だった。高級遊女はこ

『江戸名所図会』より：8月1日、八朔（はっさく）の引手茶屋の様子。徳川家康の江戸入府の大事な記念日で、遊女全員が白無垢（しろむく）姿でお出迎えしました。

のあたりの茶屋の店先で馴染客を待って、一緒に妓楼に向かうことが多かったため、待合の辻◎と呼ばれていた。いわば**同伴出勤**で、これが最も金がかかり最もステータスの高い登楼の仕方である。つくづく羨ましい！

七町なのに五丁町

仲の町の両側には町の出入り口である木戸があり、その内側に通称・**五丁町**と呼ばれる七つの町（江戸町一丁目❶&江戸町二丁目❷、角町《すみちょう》❸、京町一丁目❹&京町二丁目❺、揚屋町❻、伏見町❼）が広がっている。表通りの大半となるおよそ二百軒が妓楼。見世の前にはそれぞれ行燈《あんどん》を建て一晩中明りを絶やさなかったため、いつからか、**たそや（誰哉／あなたは誰ですか？という意味）行燈**と呼ばれるようになった。なかなか趣《おもむき》のあるネーミングだ。

妓楼の他にも商家や料理屋、湯屋や八百屋など様々な業態の店があり、とくに揚屋町はその名の通り、もともとは揚屋がまとめられたエリアということもあり、妓楼は少ない。裏通りには吉原の運営に携わる芸人や職人たちが暮らす長屋も存在しており、**遊郭の日常生活は五丁町の中ですべて賄《まかな》える**ようになっていた。江戸時代後期の人口はおよそ八〇〇〇人で、そのうちの半分くらいが遊女であったという。

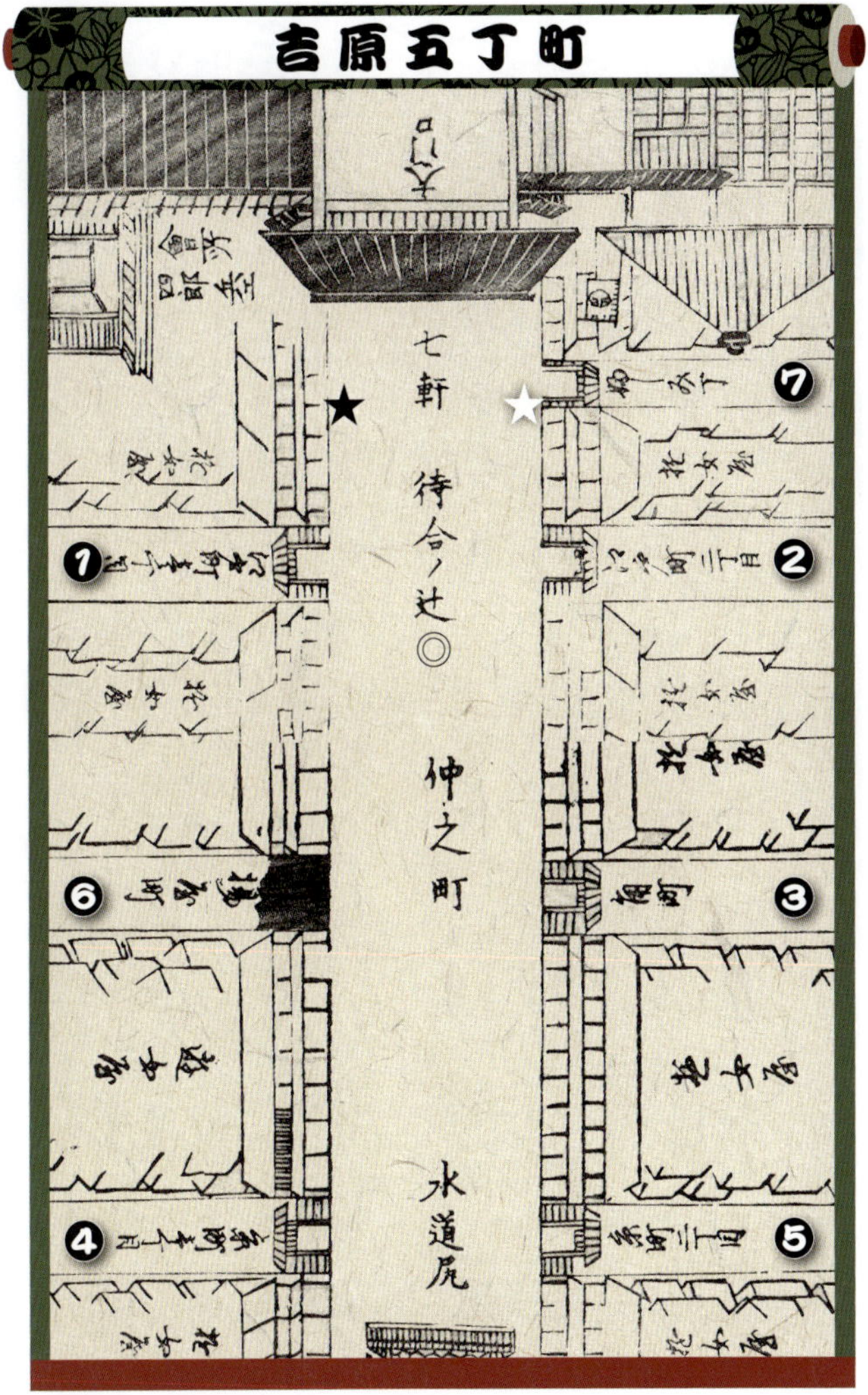

『吉原細見（弘化４年版）』より：Q.アレ、五丁町なのに７つ町がある！　どういうこと？　A.移転前の吉原に存在した町名は、江戸町一丁目、江戸町二丁目、角町、京町一丁目、京町二丁目の５つだったので吉原のことを俗に五丁町と呼んでいました。浅草田圃移転後に揚屋町、伏見町が増設され７町になりましたが、通称は移転前のものが引き継がれたんですね。ややこしや〜。

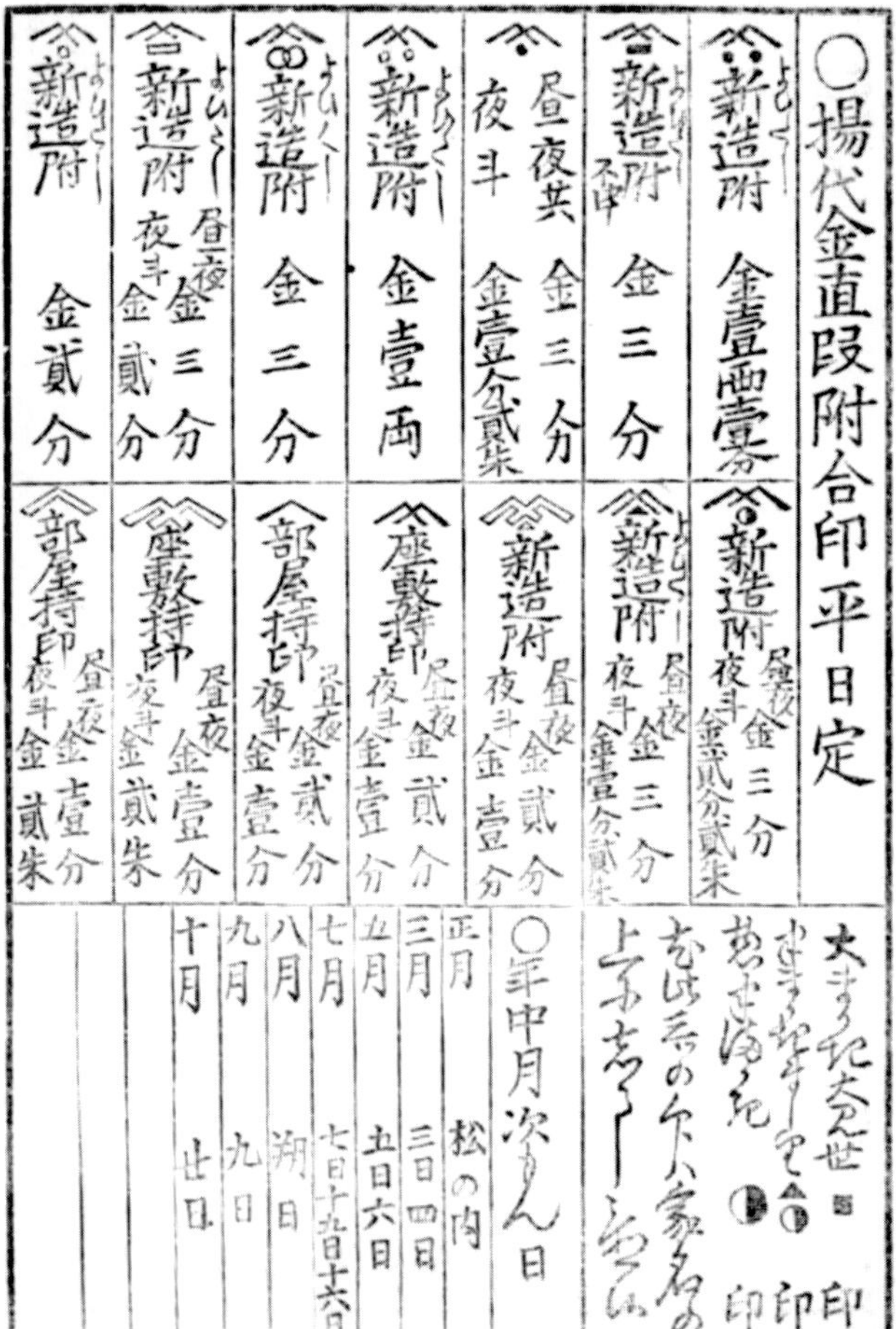

○揚代金直段附合印平日定

新造附		金壹両壹分
新造附		金三分
	昼夜共	金三分
	夜斗	金壹分弐朱
新造附		金壹両
新造附		金三分
新造附	昼夜	金三分
	夜斗	金弐分
新造附		金弐分
新造附	昼夜	金三分
	夜斗	金弐分弐朱
新造附	昼夜	金三分
	夜斗	金壹分弐朱
新造附	昼夜	金弐分
	夜斗	金壹分
座敷持印	昼夜	金弐分
	夜斗	金壹分
部屋持印	昼夜	金弐分
	夜斗	金壹分
座敷持印	昼夜	金壹分
	夜斗	金弐朱
部屋持印	昼夜	金壹分
	夜斗	金弐朱

○年中月次もん日

正月	松の内
三月	三日四日
五月	五日六日
七月	七日十五日十六日
八月	朔日
九月	九日
十月	廿日

『吉原細見（弘化４年版）』より：吉原細見に記載されている価格表。
一番下段の年中月次紋日（ねんじゅうつきなみもんび）とは、
特別営業日のことで、遊興費が倍額になるので注意が必要です！

妓楼の格と心の準備

妓楼は二階建てで、一階の営業スペースは張見世《はりみせ》と楼主《ろうしゅ》をはじめとする従業員の生活空間である。

張見世というのは、店先に花魁がズラッと並び遊客に格子越しに顔見せして品定めをさせる営業スペースのこと。格子の桟のことを籬《まがき》といい、その形はおおよそ妓楼の格に準じていて、上から順に大籬《おおまがき》、半籬《はんまがき》、惣半籬《そうはんまがき》になっている。

遊女もランク付けされていて、たとえば江戸時代後期の最上級の肩書は**新造付き呼び出し昼三**《ちゅうさん》だ。これは、**昼三**（昼夜それぞれの揚代が三分＝およそ六万円の基本料金）に、**新造付き**（マネージャーである番頭新造、妹分の振袖新造と、雑用をこなす禿《かむろ》を従えている）＋**呼び出し**（張見世はせず引手茶屋を通した上客の指名のみ引き受ける）といった付加価値が付いているという意味で、揚代の総額は一両一分※＝およそ一〇万円だった。これはあくまで指名料に相当するもので、ここにプラス・アルファで多額の遊興費がかかってくるのだ。覚悟召しませ。

接客の極意はツンデレ?! ～初会・裏・馴染～

遊客が玄関口で履物《はきもの》を脱ぐと、どんなに偉い身分の侍《さむらい》であっても大小の刀を一階に預けて

※一両＝四分　揚げ代の一日の総額は三分＋三分＝六分＝一両二分では？と思った方、するどい。これには大人の事情が……詳しくは108ページへ！

接客用の座敷がある二階にあがる。二階は遊女が主役の世界。一般社会での権威は全く通じず、終始一貫、吉原の独自ルールで事が進んでゆく。

一、初会　さぁ、憧れの遊女とレッツ同衾《どうきん》（一つ夜具で一緒に寝ること）！と心は逸《はや》るが、そこをぐっとこらえよう。まして**初めての登楼＝初会**ならば遊女とは初対面。床急《とこいそ》ぎはせず、引付《ひきつけ》座敷《ざしき》（花魁と客を引き会わせるための大部屋）で宴席を設け、距離感を縮めてから床入りするのが紳士のマナーだ。しかしホント宴席好きだなぁ……。

ちなみに懐《ふところ》事情を理由に宴席を省くことも可能だが、遊女がすぐに自分

のところに来てくれるとは限らない。多くの遊女は**廻《まわ》し**といって一晩に複数の予約をこなし、それぞれの遊客が待つ床を廻らなければならないのだ。「忙しくてどうしても手が回りませんでした♡」という~~口実で~~理由で**一晩待っても本懐を遂げることができずフラれる**ことだってあるが、それでも料金はきっちり請求される。現在なら即クレームになりそうな案件だが、ここは独自ルールが支配する遊郭・吉原。郷に入っては郷に従えで、遊客は過酷な遊女の労働には理解を示し、じっと順番を待たねばならない。

　初会の引付座敷に話を戻そう。見世《みせ》の奉公人に薦められるまま煙草を呑んでいるうちに宴席の支度《したく》がととのうと、座敷に遊女がお供を連れてやって来きて上座《かみざ》に座る。当たり前のように遊客が下座《しもざ》だ。しかも、〝初会には　壁に吸い付く　ほど座り〟の川柳の通り、**物凄く**

喜多川歌麿『青楼絵抄年中行事』より：
初会の座敷。丁髷（ちょんまげ）直したり、
襟（えり）を直したり、ソワソワ、ドキドキ……。

遠く離れて客とは正対せず斜め四五度の位置に座るのが常だった。よそよそしいまま宴席は進み、遊女と盃《さかずき》を交わすことになるのだが、これは下界でいう三々九度の盃のようなもの。**遊客と遊女が吉原で疑似夫婦になることを意味**し、晴れて床入りとなる。

……当然、全く盛り上がらないが、初会とは得てしてこんなもので、顔合わせの意味合いが強かった。

二、裏　二回目の登楼を裏、初会と同じ遊女を指名することを裏を返すと言う。どうやら左官が壁を塗る際、表を塗ったあとに枠組みからはみ出した壁土を使って裏側から塗り返す作業＝「裏壁を返す」を語源とする隠語らしい。落語の『居残り佐平次』でも「遊びをして裏を返さないのはお客の恥」というくだりがあるように、基本的には指

名替えせず裏を返すのがマナー。そうすると川柳に〝裏の夜は　四五寸近く　来て座り〟とあるように、裏でも当然のように催される宴席の座敷では、**花魁が初会より二〇センチ弱近づいて座ってくれた**ようだ。多少は打ち解けた雰囲気で床入りとなった。

三、馴染　遊客が馴染客として認められるのが三回目の登楼だ。三回目は揚げ代とは別に馴染金という祝儀《しゅうぎ》＝チップを払わなければならない決まりになっていた。金額は時期や妓楼の規模によりいろいろだったが、当時の風俗誌である『守貞謾稿《もりさだまんこう》』

葛飾北斎『北斎漫画』十一篇より
（山口県立萩美術館・浦上記念館蔵）

によると、最高位の遊女と馴染になった場合、総花《そうばな》（関係者へ分配する祝儀）として二両二分（二〇万円程度）、床花《とこはな》（同衾する花魁への祝儀）は客の随意だが五〜一〇両（四〇万〜八〇万円程度）。そのほかに二階花《にかいばな》（誰へ、いくらの祝儀かの記載はないが、妓楼二階の奉公人への祝儀と思われる）が必要だった。チップの概念を覆す大盤振る舞いに驚きを禁じえないが、遊客はこれだけ散財しても悔いはないという心境になったようだ。なぜなら、**馴染になると遊女がデレる**から。

まず、それまで花魁や妓楼の奉公人から単に「客人」と呼ばれていたのが、三回目からは馴染の証《あかし》として名前を呼ばれるようになる。また宴席でも遊客の家紋入りの箸箱が用意されるなど特別扱いになるし、なんといっても遊女が床入りで初めて細帯《ほそおび》（寝間着帯《ねまきおび》）を解く、つまり全裸になるというのだ（逆に今までの床入りでは何してたの……）。

遊女はかなり打ち解けた様子で、後朝《きぬぎぬ》の見送りも二回目までは妓楼の玄関だったのが、大門までついてきてくれるようになるし、次回の予約をすれば約束の日に引手茶屋まで迎

えに来てくれる。それまでツンツンした対応だっただけに、デレっと好意的になられたときの心理的破壊力たるや。いわゆる**ツンデレこそ遊女が馴染客をつける極意**といえるかもしれない。

　ちなみに一度馴染になったら、**浮気は厳禁**だ。発覚した場合は『吉原青楼年中行事』によると、まず遊女から浮気相手の遊女に「次に馴染客がそっちに行ったら知らせてください」という警告文に菓子や肴《さかな》を添えて送る。それでもこっそり密会していることがばれた場合は、情状《じょうじょう》酌《しゃく》量《りょう》の余地なしということで、早朝、

喜多川歌麿『青楼絵抄年中行事』より：「また来なんし……♡」
後朝（きぬぎぬ）の別れは（次回の予約を取りつけるための）大事な時間です。

浮気相手のところから馴染客が帰るのを見計らって妹分たちと徒党を組んで待ち伏せし、容赦なくボコボコにして妓楼に連れ帰る。その後は座敷にあげて着物を脱がせて女装させ、罵詈雑言《ばりぞうごん》を浴びせながら顔に炭で落書きをして、食事も飲み物も与えず放置。引手茶屋が間にはいって馴染客と平身低頭して謝り、妓楼側に慰謝料を払ってやっとその場がおさまったという。制裁は相当苛烈だったようで、のちに幕府が制裁自粛を求める触れを出すほどだった。

あまりに厳しすぎる気もするが、**馴染になった遊客と遊女は吉原の中では疑似的な夫婦になる**とみなされるのである。三々九度を交わした相手に不実がまかり通るようになれば、吉原の世界観が根底から崩壊しかねない。浮気は厳しく取り締まってしかるべき最大の御法度《ごはっと》だったということだろう。え、でも遊女のほうは何人も客を

取るんだよね……なんて野暮《やぼ》なことは言いっこなしだ。〝傾城《けいせい》に　嘘をつくなと　無理をいい〟という川柳もある。吉原の世界観は嘘で成り立っていることを受け入れる広い心がなければ吉原通いは楽しめない。

公界としての遊郭

　というわけでざっと吉原通いの流れを見てきたが、**吉原で遊ぶのって面倒くさそう**だな、というのが私の正直な感想だ。ばかばかしいくらいのお金と時間をかけて、回りくどい手順をいちいち踏み、特殊なしきたりにのっとって行動し、馴染の遊女に操立《みさおだ》てをして気を使わなければならないのだから。

　ただ、だからといって、これが意味のない無駄なことだったと言いたいわけではない。むしろ、とても価値あることだと思っている。なぜなら**この面倒くささは、江戸人にとって吉原で遊ぶことが、単に性行為のみを目的とするものではなかったことを証明している**からだ。てっとり早く性欲処理がしたいのならば、岡場所（幕府非公認の私娼街）に行けばよいのだ。江戸の町中にはそういう場所はたくさんあったのだから。

　ではなぜ、江戸人は面倒くさい吉原での遊興を愛したのか。それは吉原が公界《くがい》であったか

喜多川歌麿『青楼絵抄年中行事』より：
妓楼での浮気に対する制裁の場面。浮気相手の遊女ではなく、
浮気をした遊客自身に制裁が下る点がポイントですね。
浮気、ダメ！絶対。

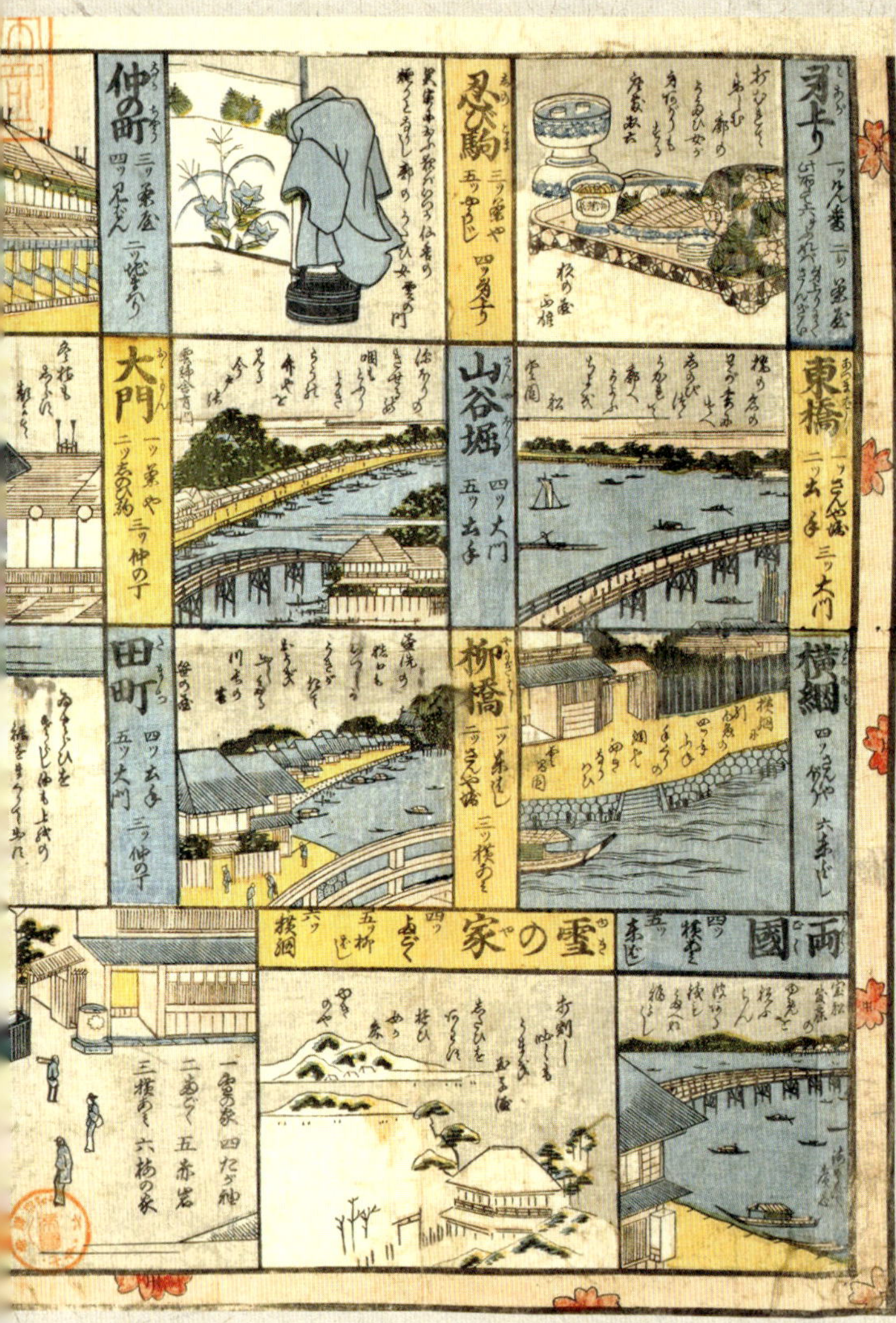

父「おい、坊。吉原への行き方くれぇ知らねぇと恥かくぜ」
子「アイョ、お父つぁん！ いろいろ教えておくれ」
親子でこんなやりとりがあったかもしれませんね。
吉原通いは紳士のたしなみなのです。

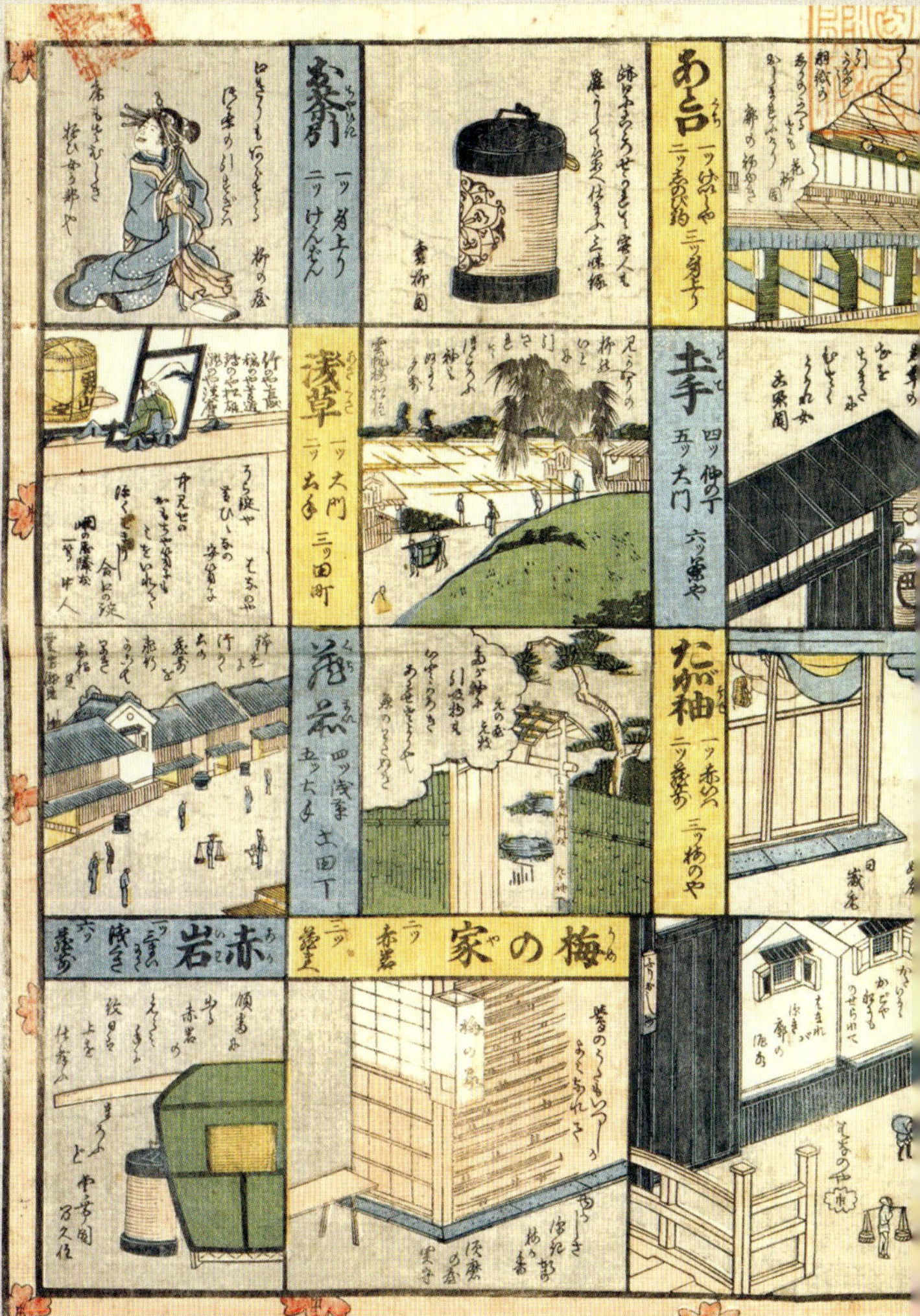

『吉原遊郭通ひ双六』：大人から子供まで楽しめる盤上遊戯、双六（すごろく）。吉原を舞台にした双六も、たくさん作られました。こちらはそのうちのひとつで、吉原までの交通手段、道のり、地名が絵で紹介され、遊びながら楽しく学べるようになっています。

らではないか。

公界とはもともとは仏教用語。俗世から離れた修行の場を意味する言葉であったが、室町時代には公の場所、社交の場、ハレの場という意味で使われるようになり、江戸時代に入るとそれが転じて遊郭をさす言葉として使われるようになった。**吉原は幕府公認の遊郭、つまり公に開かれたオフィシャルなハレの場であり、まさしく公界**であったのだ。

公界としての吉原を大いに活用したのが一流文化人たちである。左の絵は草双紙『吉原大《よしわらだい》通会《つうえ》』の挿絵で、当時の売れっ子狂歌師が吉原の妓楼で一堂に会したという趣向で描かれている。彼らの素性は武士、銭湯経営者、大家に版元など様々で、当時の身分制において日常生活で交流することはほとんどありえなかった人々だ。それらの**身分的制約を飛び越えることを可能にしたのが、一般社会のルールから切り離された遊郭・吉原**だった。

実際に吉原ではこの絵のような狂歌の歌会が多数催されたし、書画や音曲のお披露目会の会場、浮世絵師とパトロンの交流の場としてもよく利用された。これは吉原

❼蔦屋は吉原生まれの吉原育ち。地の利を生かして『吉原細見』の版元となったのを足掛かりに、狂歌の歌会を吉原で多数主催。各界に人脈を築きあげ、喜多川歌麿、東洲斎写楽などをプロデュースして江戸のメディア王にのし上がった男です。この絵は狂歌師たちに「せっかくなんでこの場で一幕ずつ芝居を書いてください、まとめてウチから出版します！」とちゃっかりオファーをかけているところ（笑）。

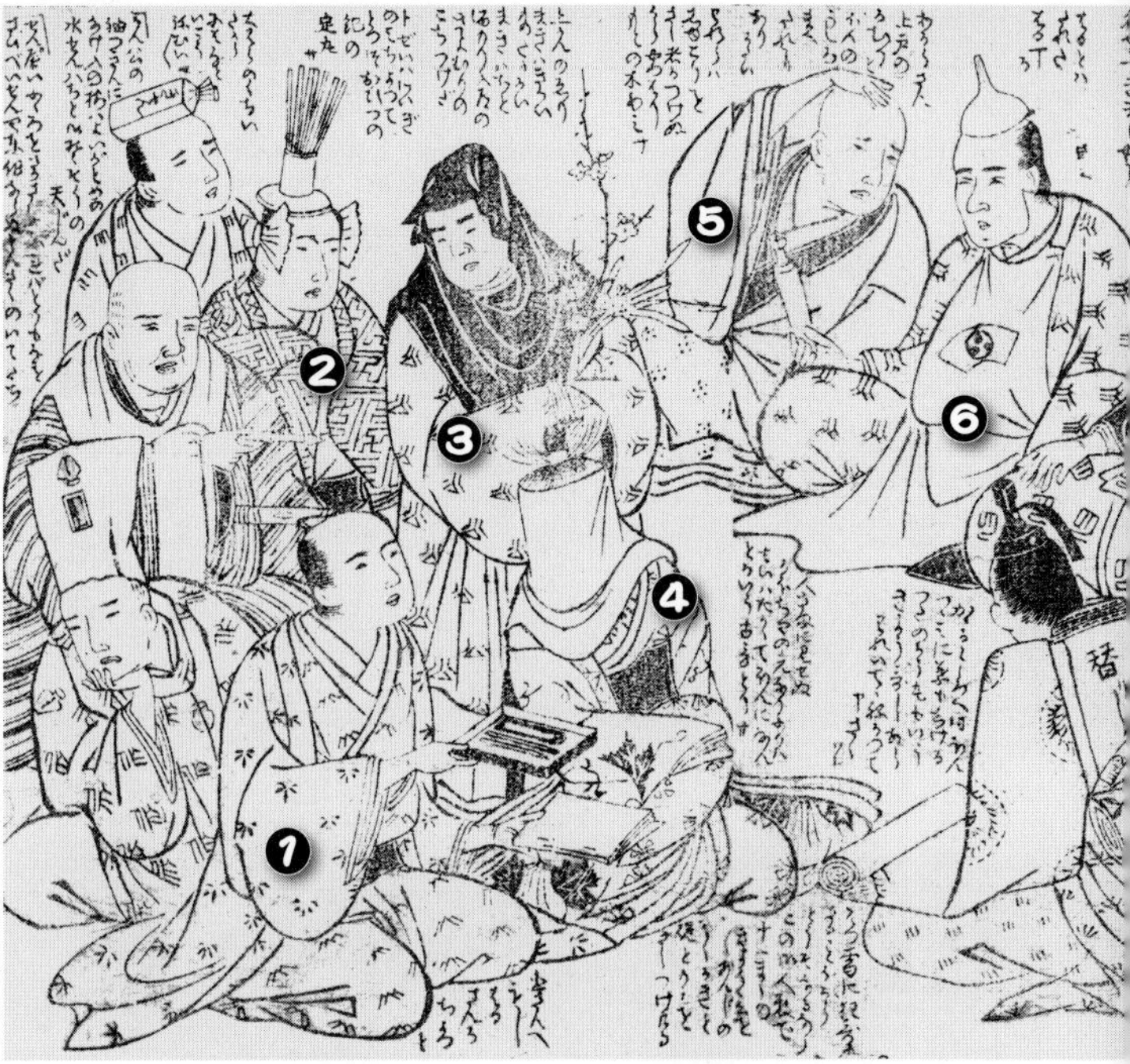

が、参加者同士が士農工商の身分や肩書にとらわれず、文化を愛する一人の紳士として向き合い、交流できる社交サロンとして機能していたからに他ならない。新興都市である江戸で多種多様な文化・芸能が生まれ、成熟しえたのは、吉原があったからだと言っても過言ではない。

お江戸が誇る観光名所・吉原

また、吉原は立派な**江戸の観光名所**であったことも忘れてはならない。

恋川春町『吉原大通会』より：素性が特定できる人　ペンネーム／職業・本名　**❶蔦唐丸**／版元・蔦屋重三郎　**❷紀定丸**／幕臣・吉見義方　**❸朱楽菅江**／幕臣・山崎景貫　**❹加保茶元就**／楼主・大文字屋市平衛　**❺元木網**／銭湯経営・渡辺正雄　**❻四方赤良**／幕臣・大田南畝　**❼手柄岡持（朋誠堂喜三二）**／秋田藩士・平沢平格　**❽大屋裏住**／大家・白子屋孫左衛門　ちなみに作者は恋川春町（酒上不埒）／駿河藩士・倉橋格

名所江戸百景
よし原
日本堤

次のページ（70ページ）の絵は『東都歳事記』という当時書かれた江戸の年中行事を紹介した風俗史料に掲載されているものだ。

突き当たりの大門からまっすぐのびる吉原のメインストリート仲の町の賑わいを描いている。軒下には燈籠が下がっているから、**七月いっぱいかけて行なわれるイベント・玉菊燈籠《たまぎくどうろう》**の様子だ。江戸時代中期に亡くなった花魁・玉菊の追善供養のために、親交の深かった茶屋が、お盆に店の前に燈籠を吊るしたことが始まりとされている。やがて各店が競って趣向を凝らした燈籠を下げるようになり、いつからか町を挙げて行なう幻想的な江戸の秋の風物詩となった。

この絵の中で興味深いのは、仲の町張りにやってきた花魁道中や、これから花魁を引き連れて登楼するお大尽客の姿と共に、一般の観光客（★）の姿と思しき描写があることだ。中年男性とつれの女性はその素朴な風体からして玄人（吉原の関係者）ではなさそう。二人でキョロキョロあたりを見まわしているので、玉菊燈籠を見物に来たところなのだろう。

一般女性が見物目的で吉原に入ることは可能だったのだろうか？　結論から言うと可能だった。ただ遊女の足抜（吉原からの脱走）を防ぐために女性の出入りは厳しく管理されており、大門の内側に入るときに四郎兵衛会所で女切手をもらって、出るときに返すという手間がか

歌川広重『名所江戸百景　よし原日本堤』：吉原に向かう
一本道・日本堤には、夜になっても人通りが絶えることはありません。
ちなみに日本堤は吉原移転より前に、
荒川の治水工事の一環として作られた人工の土手です。

かったが。

　さすがに夜間の吉原に一般女性が出かけることは珍しかったが、**八月いっぱいかけて行なわれるイベント・俄《にわか》**は日中にも出し物があったようで、仲の町の往来が開放されて、一般女性や子供の見学も多かった。俄は現代のハロウィンやコミケを彷彿《ほうふつ》とさせる**コスプレイベント**。芸者や幇間《ほうかん》、禿や子供たちといった吉原の裏方関係者が主体となり、歌舞伎の役柄や歴史上の人物、昔話の登場人物などの扮装をして、茶番劇（即興芝居）や

『東都歳事記』より：お江戸の秋の風物詩・吉原の玉菊燈籠。引手茶屋や妓楼の軒先に美しい燈籠が下がり、幻想的な風景が広がります。

練り物、踊り、演奏などの出し物をしながら仲の町を練り歩くパレードだった。

吉原三大イベント＝吉原三景容とされる三月の桜、七月の玉菊燈籠、八月の俄は吉原観光の目玉として絶大な集客力を誇っており、この時期は妓楼に上がらない見物目的の客も非常に多かったのだ。

観光名所につきもののお土産だって充実している。『吉原大全』によると、吉原一の名物は江戸町二丁目の竹村伊勢の巻煎餅《まきせんべい》。同店ではのちに最中《もなか》の月も売り出すようになり、それぞれ凝った菓子箱に入っていて吉原土産物として人気を博した。他にも揚屋町の山屋市衛門の豆腐、松屋庄兵衛が作り始めた甘露梅、近江屋権兵衛の昆布巻き、すさき屋の漬菜、袖の梅という二日酔いの薬など様々な名物がある。

また、吉原をテーマにした浮世絵が大量に残っていることにも注目したい。大量に残っているということは、それだけ需要があったということ。

現在の有名人のグラビアに相当する花魁を描いた美人画は歌舞伎の役者絵と並んで浮世絵

の二大売れ線ジャンルで、現在の芸能人のグラビア写真のようなものだったが、**肌の露出が少なく性的な感じがしない**のが興味深い。これを見て喜ぶのは男性というより、むしろ女性だったのではないか。豪華な着物をがっちり着込み、頭には大量の簪《かんざし》や付毛などの飾りをつけ、スタイルがより良く見えるように高さ六寸（二〇センチ弱のヒール）の三枚歯の下駄で歩く。最新モードを華麗に着こなす花魁は同時代の庶民の女性にとって尊敬と憧れの対象であり、現代でいうと女優やモデルのようなファッションリーダー的存在だったのだ。

美人画以外にも風景画や町全体を描いた鳥瞰図《ちようかんず》、大人から子供まで遊べる双六絵などが多く残されているのは、手軽な江戸土産物として重宝がられていたことを示している。観光地のポストカードのようなものだろう。

遊郭・吉原は非日常を求める人々がやって来る特別な空間だった。時間とお金をかけて遊ぶ最高峰の贅沢の場であるとともに、身分制から離れて文化交流ができるサロンであり、江戸を代表する観光地であり、万人に開かれた公界だったのである。

以上、本章ではあえて遊郭・吉原の世界観が完成し、一番成熟した江戸時代後期の様子を見てきたが、そこに至るまでには紆余曲折があった。また幕末にかけて吉原の世界観が崩壊し、遊女にとって公界が苦界と化してゆくのだが、その過程は次章でじっくり見てゆきたい。

『新吉原京町一丁目岡本楼内重岡』：柄に柄を重ねて立体造形まで取り入れる、花魁のアグレッシブな重ね着ファッション。すごく動きづらそうですが、不自由をおくびにも出さない感じがSO　COOL！　お洒落に我慢はつきものなのです。

COLUMN 1 お金の話

江戸時代の通貨は「金」「銀」「銭」の三貨制度で、関東圏では金が、関西では銀が、両方で銭が流通。幕末や飢饉《ききん》などの異常事態を除いて物価は比較的安定していて、三貨のレートはおおよそ金一両《りょう》＝銀六〇匁《もんめ》＝銭四〇〇〇～六〇〇〇文《もん》でした。

じゃあ「一両とか一文って今でいう何円？」という疑問がわきますが、当時のお金の価値を現代に置き換えるのは、実はとても難しいこと。江戸時代は二百六十五年間と長く、初期と幕末では流通など社会のシステムが大きく違い、現代との価値観の違いもあるからです。

ただ、当時と現代で同じものの値段を比較することでおおよその金銭感覚を知ることは可能です。たとえば、二八蕎麦《にはちそば》一杯の値段は延享《えんきょう》元年（一七四四）～万延《まんえん》元年（一八六〇）まで一六文に保たれています。

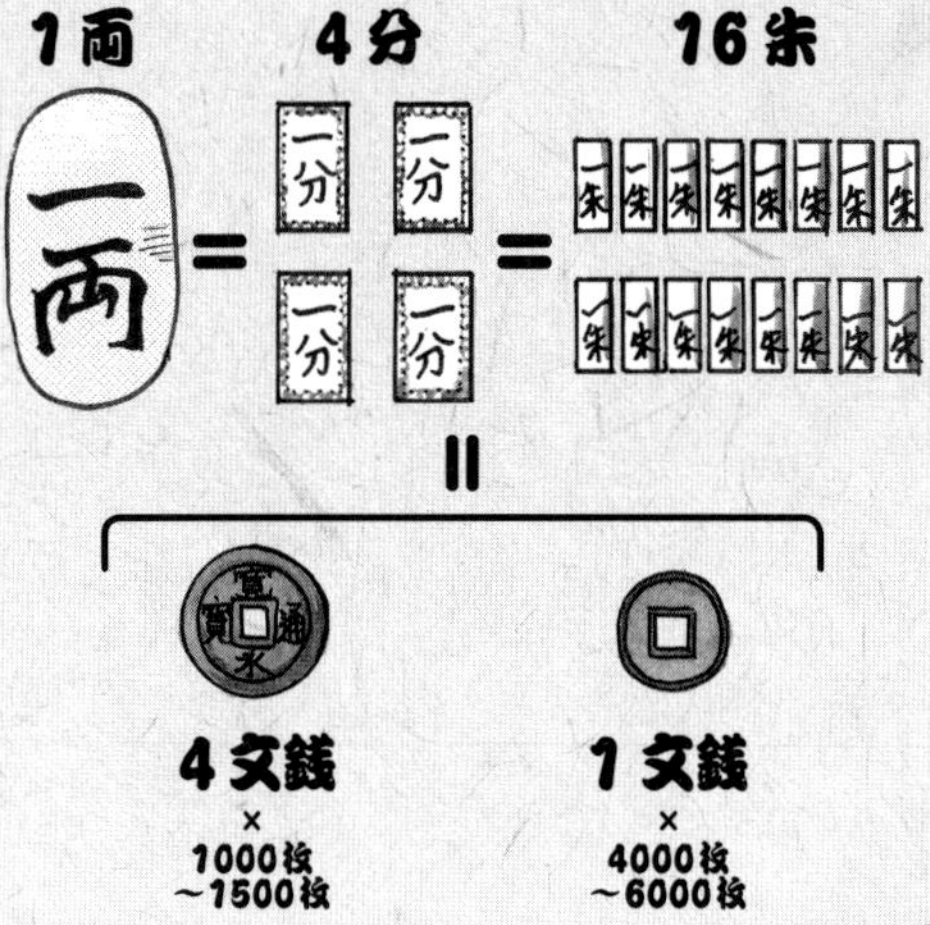

現在の蕎麦一杯の値段は三〇〇円前後。という

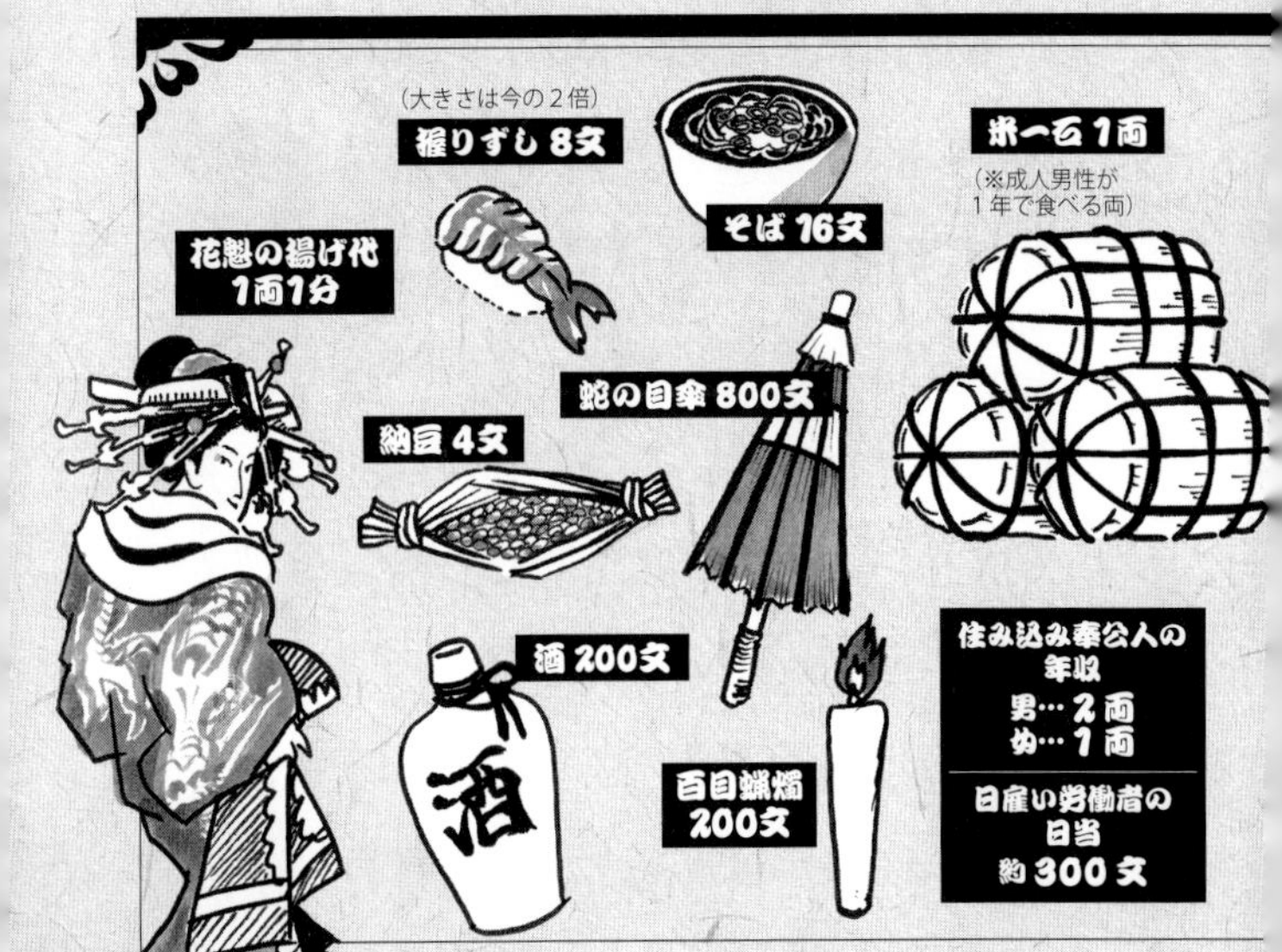

ことは一文は大体二〇円前後くらいの感覚かな、という具合です。

一両は、それぞれの時代に一両で買えた米の量と現在の米の値段を比較すると、江戸時代初期～中期↓一〇万円、中～後期↓八万円～六万円、後期～幕末↓五万円～五〇〇〇円程度というおよその計算になります。これはあくまで本書執筆にあたり私が基準とした目安ですが、ご参考までに。

ちなみに第一夜で取り上げた文化文政期の物価は上記の通り。蝋燭《ろうそく》など当時大量生産ができなかった物はやや割高で、食べ物の値段はやや割安。

そんななか、やはり目を引くのが吉原での遊興費の高額さです。〝江戸っ子の 生れ損ない 金をため〟なんて川柳もあるくらいなので、お金が入ったら遊びでパーッと使ってしまうのが江戸っ子の美学だったようですね。

COLUMN ② 演出の話

第一夜の本文で紹介した以外にも吉原には随所に演出が施されていました。

たとえば妓楼《ぎろう》一階の張見世《はりみせ》は直づけの遊客が遊女を品定めするいわばショーウィンドウ。店の顔ともいえる重要な場所です。

このため大見世では背景に宙を舞う極彩色の鳳《ほう》凰《おう》を描き、その前に張見世に出ているなかで一番人気のある高位の遊女が座ることでよりラグジュアリーな雰囲気を演出しました。

ちなみに下の絵を描いたのは美人画で有名な喜《き》多川歌麿《たがわうたまろ》で、絵のなかで鳳凰を描いている絵師は歌麿本人であると考えられています。トップアイドル＋一流アーティストによる背景画＝まさしく夢の世界！　というわけですね。

喜多川歌麿『青楼絵抄年中行事』より

清潔感を保つのも大事な演出の一つでした。後朝《きぬぎぬ》の別れを済ませた遊客が帰ったあと、明け六つの鐘を合図に大門が開き、一斉に塵芥《じんかい》回収業者が入ってきて清掃を開始。臭いが気になる下肥《しもごえ》の汲《く》み取りもこの時間帯に行なわれます。吉原の下肥はきっと栄養もタップリだろう！　ということで農家が高値で買い取りました。

また各見世では雑用係が店の内外をピカピカに磨き上げ、遊女たちも内風呂や銭湯で体を洗い、昼見世の開始時刻までに町全体をリセット。夢の町・吉原の世界観はこうして守られていたのです。

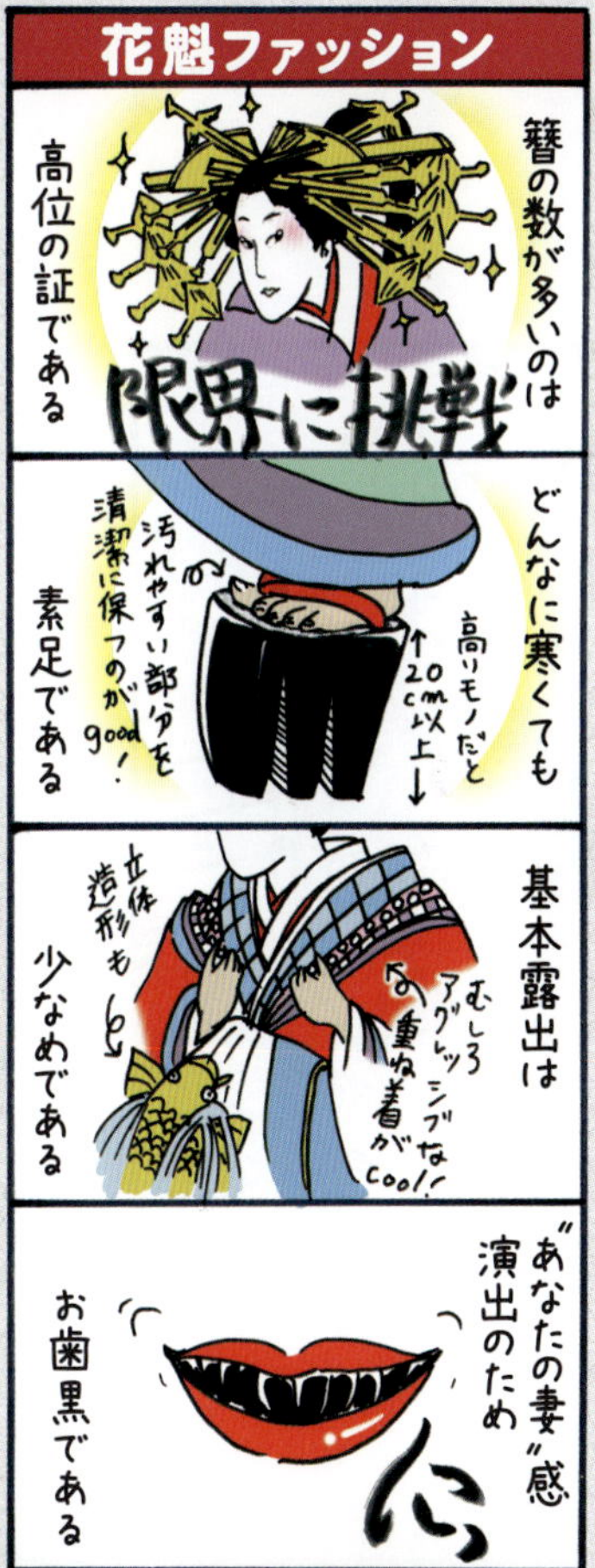

注・お歯黒＝江戸時代の既婚女性は歯を黒く染めました。

第二夜

スターとスキャンダルと共に振り返る☆吉原の歩み

誕生

天正十八年（一五九〇）、徳川家康がやってきたころの江戸は、いくつかの湊《みなと》や寺社が存在するものの、お世辞にも栄えているとは言い難い未開の地だった。ほぼゼロの状態から江戸城を中心とする城下町整備が急ピッチで始まり、慶長八年（一六〇三）に幕府が開かれたことで都市建設が本格化。全国の大名を動員した天下普請と呼ばれる未曾有《みぞう》の建設ラッシュが始まる。江戸は武士はもちろん、土木や新規事業で一旗揚げようというフロンティア精神にあふれた血気盛んな男たちの坩堝《るつぼ》と化した。このころの正確な人口統計は残っていないが、男女比は圧

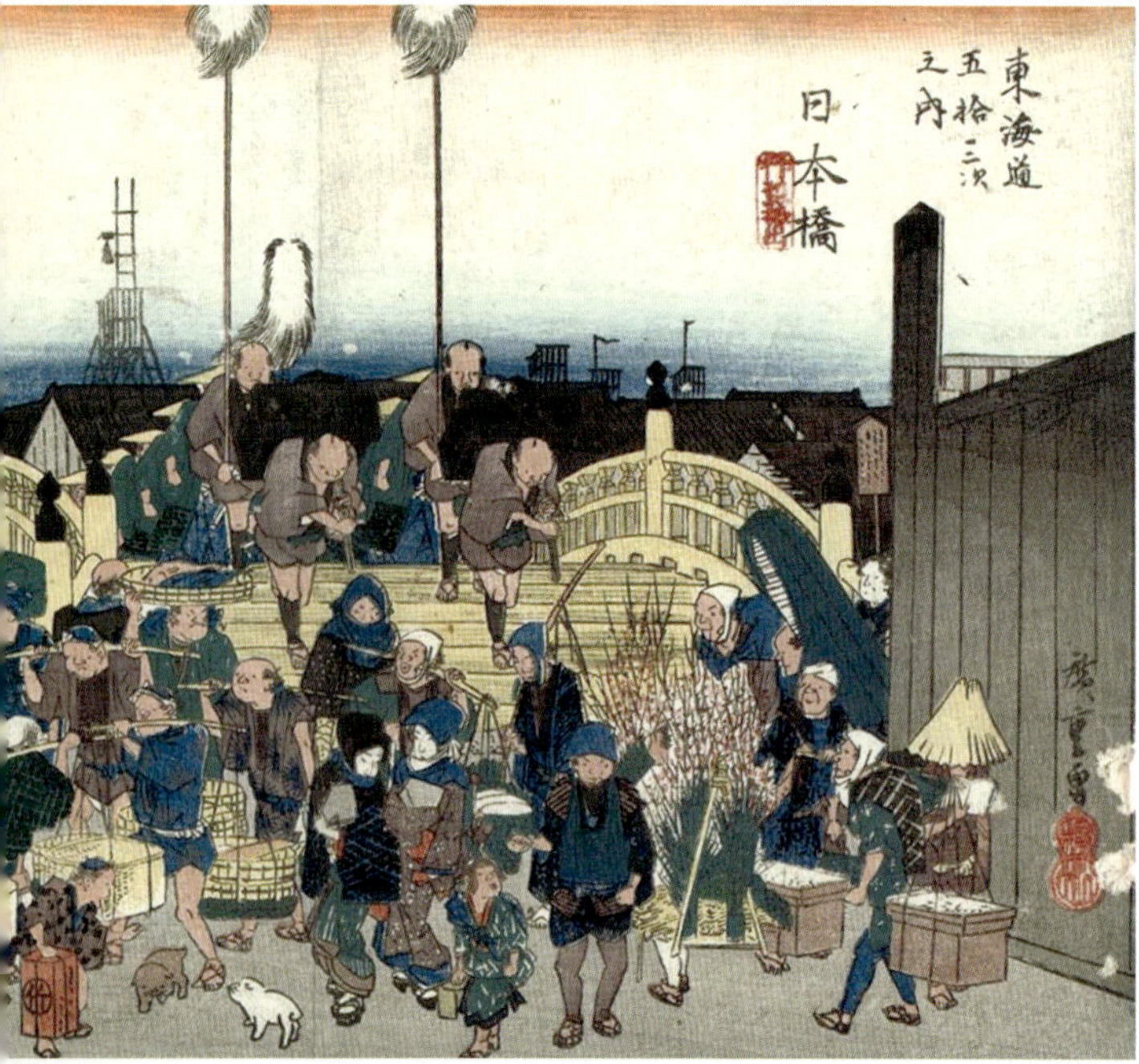

倒的比率で男性過多であっただろうと推測できる。男だらけの新興都市・江戸では必然的にプロの女性＝遊女と遊べる盛り場の需要が高まり、町中に遊女屋がはびこるようになっていった。

　このようななかで自らも遊女屋を経営する庄司《しょうじ》甚右衛門《じんえもん》が中心となり、同業者と相談して幕府に陳情したのが、幕府公認の遊女屋街である**遊郭**《ゆうかく》の設置だ。遊郭は豊臣政権下ですでに大坂、京都などの都市部に存在しており、遊郭内で営業する遊女屋は優良店であるお墨付きを為政者からもらうことで、新規参入業者を牽制し、営業特権を得ることに成功していた。

　ただこれだけでは遊女屋側にしかメリットがない。**甚右衛門の交渉術の上手さは、幕府の側のメリットも提示**したことである。

　当時の江戸の町ではそこかしこで遊女屋が営業。このため女性がらみの諍《いさか》いが絶えず、遊ぶ金欲しさの使い込みや強盗、遊女を量産するための人身売買が横行して風紀は乱れに乱れ

歌川広重『東海道五十三次之内　日本橋』：
江戸の町は男たちが創り上げたフロンティア。
こちらは江戸時代後期の浮世絵ですが、
やはり圧倒的男子率！

ていた。また、金さえ払えばどんな素性のものでも宿泊ができる遊女屋は犯罪者の恰好《かっこう》の潜伏先となり、治安の悪化が深刻な社会問題になっていたのだ。

そこで甚右衛門は、「幕府公認の遊郭をつくって遊女屋を一か所にまとめることで犯罪捜査がしやすくなります！」「遊女屋の側も全面的に捜査に協力します！」といったプレゼンテーションで遊郭の存在意義を正当化。これが功を奏し、元和《げんな》三年（一六一七）遊郭の設置許可をもぎ取ったのである。幕府から与えられた土地は〝ふきや町の下にて二町四方〟。つまり、江戸城から見て葺屋町の先（現在の中央区日本橋人形町のあたり）にある手つかずの湿地帯、およそ二〇〇メートル四方だった。

こうして元和四年（一六一八）十一月、江戸に遊郭が開業。湿地の一面に生い茂る葭《あし》を刈り取って埋め立てたため、**初めは〝葭原《あしわら》〟と呼ばれていたが、葭の音が悪しに繋がるため、縁起を担いで良し原＝吉原に改称**。江戸町一・二丁目、京町一・二丁目、角町《すみちょう》の五丁町からなり、総名主は遊郭誕生の最大の功労者で、いつからか「おやじ」と呼ばれて親しまれるようになった庄司甚右衛門である。幕府の規定に〝けいせい町の他傾城《けいせい》屋商売いたすべからず（江戸においては吉原以外の場所で遊女屋の営業一切禁止）〟とあったことも効き、吉原はしばらくの間、非常に繁盛した。**あくまで、しばらくの間**、である。

『守貞謾稿』より：江戸時代の初期は、風呂といえば
蒸気を利用したサウナ風呂。浴槽で膝のあたりまで湯につかって汗をかき、
流し場で体や髪を洗いました。流し場で世話を焼く接客係というのが
名目上の湯女（ゆな）のお仕事です。

商売敵・湯女が現れた！

誕生から二十年たたないうちに吉原にピンチが訪れる。寛永十三年（一六三六）、町中で風呂屋が大流行したのだ。人々の目当ては風呂屋の接客係・**湯女**《ゆな》。日中は客の背中を流し、垢《あか》をこそげる接客係だが、日が暮れて夜になると艶やかな衣装に着替え、三味線をかき鳴らし、小唄を歌って客を取る。つまり**もぐりの遊女**だ。

幕府に管理された遊郭・吉原の公娼である遊女と、町中の風呂屋で働く私娼の湯女。遊びの気安さを考えれば、後者の人気が圧倒的だった。もちろん吉原以外での売春は禁止なので、たびたび取り締まりの法令が出ているのだが、徹底はされず、事実上の黙認状態。

これは寛永十七年（一六四〇）に出されている吉原の夜間営業禁止令と無関係ではないだろう。禁止令の理由は明らかになっていないが、開設当時こそ辺鄙《へんぴ》な場所

であった吉原も、このころには周囲の埋め立てが進み、気が付けば市街地のど真ん中になっていた。世間の風紀の乱れを引き締めるためにも、まず遊郭が厳しい取り締まりの対象になることはいたしかたないことだったのかもしれない。幕府の庇護にある遊郭は幕府の方針に従順でなければならないのだ。

翌年には**遊女の郭外《かくがい》外出も禁止**となる。つまり、夜遊びも、同伴もアフターも不可。……**そんなのいったい何が楽しいんだ！** 吉原での遊びはますます窮屈になり、深刻な客離れ状態となった。

起死回生なるか?!　浅草移転

そこに追い打ちをかけるように幕府から命じられたのが、遊郭の移転である。場所は浅草田圃《たんぼ》か本所。いずれにせよ江戸の中心地からはほど遠い、当時はまだ手つかずの郊外であった。吉原の名主たちは初めこそ渋ったが、相談の末、浅草田圃への移転を決断する。日本橋と北の交通の要衝・千住宿の間にあり、江戸有数の観光地・浅草寺《せんそうじ》が近いという地の利に賭けたのだ。

幕府のほうも**さすがに無茶ブリだよね☆という引け目があった**のか、従順に移転命令に従

歌川豊国（三代）
『古今名婦伝　丹前風呂勝山』

すたあ名鑑①

伝説のお洒落番長

丹前勝山

Tanzen Katsuyama

名前／勝山　**特技**／諸芸一通り・ファッション
勤め先／丹前風呂（湯女）→吉原（太夫）

八王子のさる良家の子女ながら、父親と大喧嘩の末に家出。江戸に出て神田の堀丹後守の屋敷前の風呂屋、通称・丹前風呂（紀伊國屋市郎兵衛が経営）に湯女として勤めるように。袴をはいて大小の刀を腰にさし、小唄を口ずさむ男装姿があまりに様になっていて、そのファッションを真似する人が続出。浴衣の上に羽織る派手な色柄の綿入は丹前（現在はどてらとも）と呼ばれて男性に、髪形は勝山髷といって女性に流行しました。後に吉原からヘッドハンティングされ電撃移籍。デビューの際は、足を踏み出すときに外側に大きく廻して進む外八文字を踏んで威風堂々たる花魁道中を行ない話題沸騰！　以降、外八文字は吉原の遊女が道中する際の型として引き継がれます。人気実力を兼ね備えたスーパースターとして将来を嘱望されるもデビューからほどなくして忽然と姿を消し、伝説的存在になりました。

西村重長『絵本江戸土産』より

った吉原に対してかなり温情的で、移転と引き換えに、①土地面積を現在の五割増しにすること、②昼夜営業してOK（夜間営業解禁）、③商売敵である風呂屋およそ二〇〇軒余りは幕府が責任を持ってすべて取り潰すこと、④引っ越し金として一万五〇〇〇両（およそ一五億円）の支給、を約束した。

　移転が決まった矢先の明暦三年（一六五七）正月十八日、日本史上最大規模の大火災・明暦の大火が発生。江戸の市街地の六割が焼け、一〇万人の死者を出した。日本橋葺屋町の吉原も全焼し、焼け跡に仮設小屋を建ててなんとか営業を再開していたが、六月九日、

町奉行所に呼び出された吉原の名主たちは「今月中に浅草田圃に引き移って営業するように」と突如言い渡される。**こっちの都合も考えろよ！** と言いたい気持ちをぐっとこらえ、ここでも吉原サイドは従順だった。一週間もたたない六月十四、十五日に仮設小屋を引き払い、町全体で引っ越しを開始。

このとき、遊女たちはことさらに豪華に着飾って途中の名所旧跡を訪ねながら、徒歩や船でゆっくりと新天地に向かった。沿道には遊女を一目見ようという見物客が押しかけたという。未曾有の大災害から復興しようとする江戸の町の男たちにとって、何よりテンションの上がる光景だっただろう。
同年八月、いよいよ浅草田圃での営業がスタートした。このような経緯から**日本橋葺屋町時代を元吉原、浅草移転後を新吉原**と呼んで区別することがある。

新吉原の花・太夫

〝花やかな　昔に万治　二年哉〟という遊女の句が残されているように、開業から二年目の万治二年（一六五九）には、新吉原は往時のにぎわい以上の盛況となっていた。移転の代償として幕府が湯屋を徹底的に廃業に追い込んだ効果もあり、復興景気に沸く江戸唯一のナイトスポットとして一人勝ち状態だったのである。移転して大正解！
新吉原のこのころの主な客層は武士で、国持ち大名までもが顧客。江戸のなかでも最もハイソな殿方たちがお金と時間をたっぷりかけて遊ぶ場所だった。
そのことを物語るのが**揚屋《あげや》制度**だ。揚屋とは遊客と遊女屋の間に入る貸座敷のこと。贅《ぜい》の限りを尽くした内装と洗練された接客で遊客をもてなす**超高級（ラブ）ホテル**だ。遊客は揚屋に上がり、遊女を指名する。すると揚屋から揚屋指紙《あげやさしがみ》という書状で遊女屋に打診が入り、遊女屋から指名された遊女が花魁《おいらん》道中してやってくる、という仕組みである。

豊原国周
『善悪三拾六美人　二代目高尾』

すたあ名鑑②

悲劇のクールビューティー

万治高尾

Manji Takao

名前／高尾（二代目？）　**特技**／諸芸一通り・俳句・文
勤め先／三浦屋（太夫）

下野国（栃木県）出身。幼くして両親を亡くし親戚に引き取られていたところ、女衒（ぜげん）に騙され吉原に売られました。非常に美しかったため吉原一の大店・三浦屋に引き取られて英才教育が施され、同店の最高の名跡高尾を引き継ぎ二代目・高尾太夫としてデビュー。滅多に笑わない凛とした態度と俳句や文に現れる学識に魅了された男性は数知れず、仙台藩主・伊達綱宗も顧客の一人だったそう。一説には高尾に入れあげた綱宗は身を持ち崩して幕府に隠居を命じられたとか。それでも諦めきれずに身請けしようと大金を積みましたが、高尾は決してなびかなかったそうです。

人気絶頂のなか、突然亡くなったため、恨みを持った仙台公に殺された?!　なんて逸話まで飛び出して数々の浮世絵や歌舞伎の題材になるほど。死してなお人気は衰えませんでした。

しかも揚屋指紙には揚屋の経営者と月行事（町役人）の印が必要という実にまどろっこしい手続きを踏まねばならなかった。もっとも、これは高級遊女を指名した場合の話。当時の遊女の等級は「太夫《たゆう》、格子《こうし》、散茶《さんちゃ》」とあり、揚屋に呼び出されるのは太夫と一部の格子で、それ以外は遊女屋にて客を取った。

揚屋に呼び出される**太夫《たゆう》**は、容姿の美しさはもちろん、幼いころからの英才教育によって文学、歌舞音曲、茶道、生け花などあらゆる教養をマスター。その分プライドも高く、気に入らない客は大名であろうと振ることもできる、**自分の意思を持ちそれを張り通す強い気構え＝意気地**

菱川師宣『吉原恋の道引』より

と張りを持っていた。揚げ代も貞享《じょうきょう》・元禄《げんろく》年間（一六八四〜一七〇四年）の記録では昼夜七四匁《もんめ》。揚屋での遊興費を含めると一晩で一〇両（およそ一〇〇〇万円）という超高嶺の花ぶりだ。

しかも、当日押しかけたのでは太夫の予定がイッパイで会えないこともザラだったので、兼約《けんやく》（揚屋を通じてあらかじめ予約を入れておくこと）する必要があった。

やっと出会えた太夫に対し、客は貴人のように接して気を使い、決して粗雑に扱うことはなかったという。**太夫は現代でいえば憧れの女優兼トップモデル兼人気歌手兼一流文化人的存在の、お江戸のスーパーウーマン**なのだ。

紀文の豪遊伝説

遊興費の高騰からか、このころから幕府は、大名と旗本に遊郭への出入り自重を促すようになる。そもそも武士の遊興費の出所は農民が納めた年貢米、いわば税金である。高額な年貢を納められない農民が娘を遊郭に売って生活費を工面することも、ままあった。**農民が娘を遊郭に売ってまで納めた税金で、武士が遊郭に遊びに行っている**なんて外聞が悪すぎたのだ。

また、元禄時代の幕府は家康以来の遺産が底をつき、明暦の大火、元禄大地震など天災からの復興、将軍・綱吉による大規模寺社造営の乱発など様々な要因により、**創業以来初めてとなる財政破綻の危機に直面**していた。武士だからといって散財が許されるような空気ではなくなっていたのである。

代わって目立つようになったのが豪商をはじめとする富裕商人の遊客だ。人口増加による市街地の拡大が続き、火事や大地震や洪水の被害も多かった江戸は、つねに土木建設ラッシュ。元禄時代はちょうど建設業界を中心に経済力をつけた商人が台頭した時代なのである。

特に材木で巨利を成した紀文こと紀伊國屋文左衛門《きのくにやぶんざえもん》の吉原での豪遊ぶりは、いくつもの伝説を作った。あるときは「節分の豆まきだ！」と言って小粒金《こつぶきん》を座敷にばらまき、遊女や妓楼の従業員が我先に拾うのを見て悦にいっていたという。いかにもお大尽《だいじん》遊びという感じ！

月岡芳年
『新撰東錦絵　小紫比翼塚之話』

すたあ名鑑③

惚れた男は殺人鬼?!

三浦屋小紫

Miuraya Komurasaki

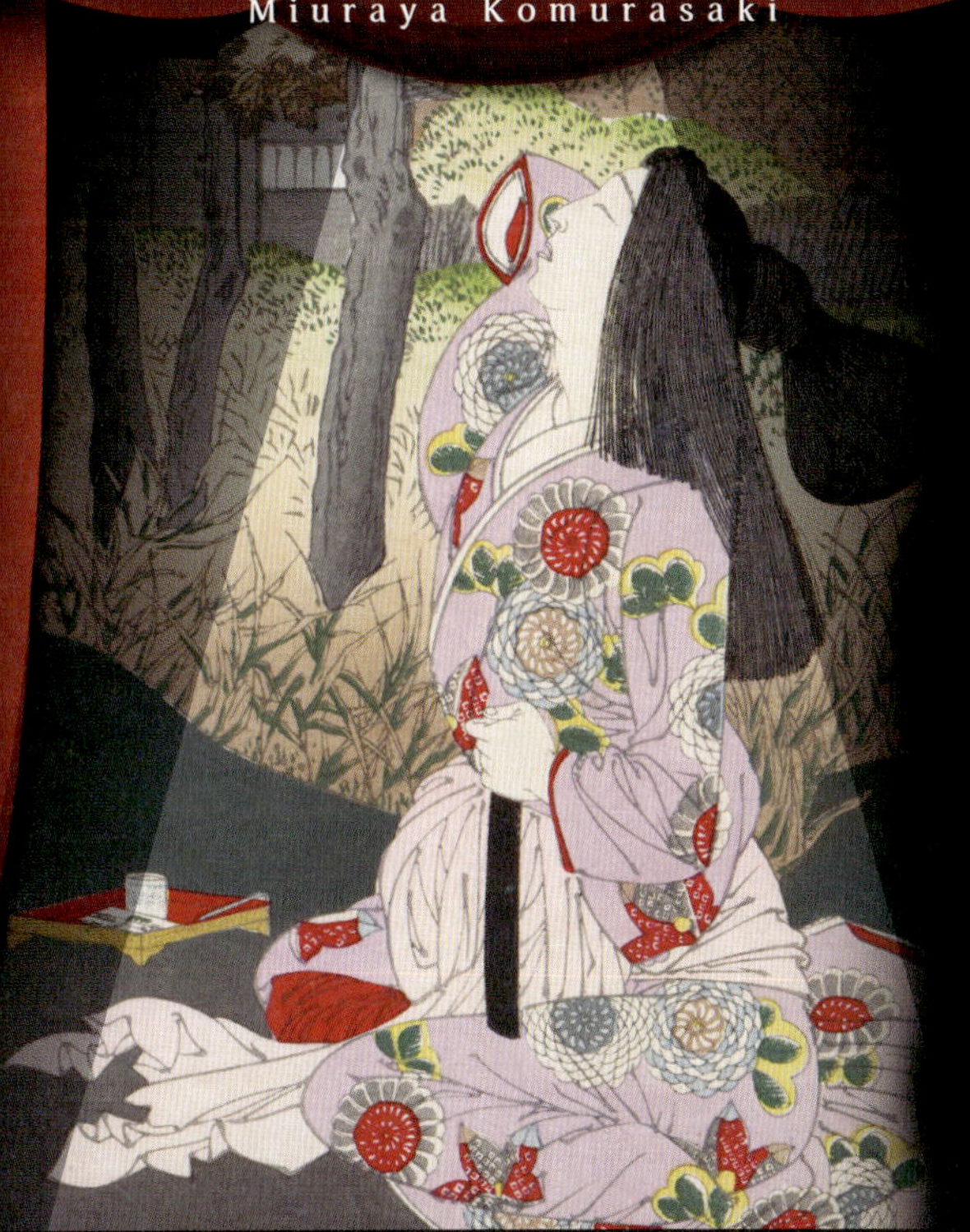

名前／小紫（二代目・濃紫とも）　**特技**／恋愛
勤め先／三浦屋（太夫？）

小紫の素性についてわかっていることは少ないのですが、彼女に惚れて馴染となった男・平井権八との大恋愛があまりに有名。権八は美貌の若者で、いつしか小紫も彼に惚れ込み相思相愛となるのですが……実は権八、元鳥取藩士で、父の同僚を切り殺して出奔。江戸に出てきてからも吉原に通う金欲しさに強盗・強姦殺人を繰り返す極悪人でした。16歳から23歳の間に185人の命を奪ったとも言われ、ついに捕えられて鈴ヶ森で磔刑に処せられます。

小紫は素知らぬ顔で廓務めを続けましたが、身請けされると真っ先に彼の墓がある目黒に向かい、喉笛を掻き切って自殺したとか。遺体は権八と合葬され、比翼塚が築かれ、二人の悲恋を謳った端唄（ラブソング）が作られて歌舞伎にも取り上げられるなど、江戸中の語り草となりました。

またあるときは、**二三〇〇両（およそ二億三〇〇〇万円）**で大門を打つ、つまり大門を閉めきって一人で一晩遊郭を貸し切り〝大騒ぎ　五町に客が　一人也〟と川柳に詠まれ、その名をとどろかせたのである。

大金を投じての豪遊が祟《たた》ってか、**紀文は一代で破産**。ボロボロの服と擦り切れた草履《ぞうり》で浅草寺にお参りする姿を見かけた吉原関係者があわれに思い、新しい草履を買って渡したところ、紀文は受け取るのと引き換えに一分（およそ二万五〇〇〇円）を差し出したという。零落しても遊客としての意気地を張り通した心根に、人々は称賛を送った。

ピンからキリまでより取り見取り

紀文の例は極端としても、ある程度経済力をつけた庶民層が遊郭にやってくるようになったことで、吉原にも変化が生まれた。散茶の下に新たに、埋め（梅）茶、切見世といった下級遊女の存在が生まれ

奥村政信『浮世画帖』より

たのだ。

ちなみに**散茶**というのは茶葉を引いて粉状にして、湯に入れてそのまま飲めるようにしたもの。当時のお茶は、袋に詰めて湯の中に入れて振って味を出すようになっていたが、**散茶は振らなくてもすぐ飲める＝客を振らない**ことからついた名称だ。**埋め茶**は散茶をさらに薄めたという意味で、**切見世**は時間単位で区切って料金が決まるという意味。いずれも格式よりも遊びやすさを求める庶民のニーズに応えた業態といえる。

下級遊女の量産を可能にしたのは、江戸の町中にはびこっていた**新手の風俗店・茶屋**の存在が大きい。茶屋は表向きは飲食店だが、実情は安価な値段で座敷で女性に売春をさせる私《し》娼窟《しょうくつ》。すわ、風呂屋の再来か！　と危機感を抱いた吉原側がカチコミを掛け、乱闘騒ぎも起こったようだ。

最終的には**詫《わ》びてきた茶屋を吉原が抱き込むことで合意**し、江戸町二丁目の一角に茶屋七十数軒、五〇〇人余りの茶屋上がりの遊女が流入した。彼女たちは、武士や初めから吉原にいた遊女たちからは散茶以下の下級遊女として嫌厭《けんえん》されたが、客を振ったり意気地を張り通したりするような強い態度に出ないため、「気軽に遊べる！」と庶民からは絶大な支持を集めた。

吉原が育んだ江戸らしさ

江戸時代中期の享保《きょうほう》年間（一七一六～一七三六年）、悪化する一方の幕府財政を立て直すべく八代将軍・吉宗《よしむね》は享保の改革を実行。武士にも庶民にも綱紀粛正、質素倹約を強いた。**が、非日常空間たる吉原は例外**だった。むしろこの時期に遊郭・吉原は一つの到達点を見たと言っても過言ではない。

揚屋六美人と謳《うた》われた太夫の高尾、薄雲、音羽、白糸、初菊、三浦といった六大スターを頂点に、遊女は下級であっても品位にあふれていた。

このころ書かれた随筆『ひとりね』の中に、仙人が用いている不老不死の妙薬の製法は、**〝島原（京都の遊郭）の遊女の糞を吉原の遊女の尿で練る〟**と紹介されている。ちょっと衝撃的というか、正直ドン引きだが、こういった表現からも当時の人びとの遊女たちへの憧憬が感じられて興味深い。

また、のちに吉原三景容と謳われる三大イベントのうち、玉菊燈籠《たまぎくどうろう》、俄《にわか》（69～71ページ参照）が始まったのもこのころである。

遊客の遊びも、元禄期の紀文のようにただ金を湯水のように使うだけではなく、羽振りのいいなかにも**通《つう》、いき（意気）**といった精神性が重んじられるようになってゆく。通やいき

歌川豊国（三代）
『古今名婦伝　中万字の玉菊』

すたあ名鑑④

愛され呑兵衛

中万字屋玉菊

Nakamanjiya Tamagiku

名前／玉菊　**特技**／諸芸一通り・酒・拳相撲
勤め先／中万字屋（太夫）

玉菊は美人ではないけれど性格が抜群。茶道、生け花、琴に三味線と諸芸に秀で、特に河東節を好みました。拳相撲（現代でいうとジャンケンのように２人で向き合って手や指を使って勝敗を決める遊び）の名人で黒天鵞絨（くろびろうど）に錦糸で刺繍した〝拳廻し〟を自作するなど茶目っ気のある人で、大の酒好き。楽しい座敷が目に浮かぶようですね。酒の飲み過ぎが祟り、人気絶頂の25歳で亡くなったときは多くの人がその死を悼みました。

十寸見河東が玉菊三回忌の盂蘭盆（うらぼん）に追善のために作ったのが名曲と名高い「傾城水調子」。また親交の深かった揚屋で供養の提灯や燈籠を出したのが評判となり、玉菊燈籠として吉原の7月の年中行事として引き継がれます。後世に与えた影響絶大！

とは何かを一言で説明するのは難しいが、通は物事（特に遊里における立ち居振る舞い）に精通していること、いきは人情（特に色事における異性の感情の機微）をよく理解してさっぱりと垢抜けていることと、といったところだ。**ともに色事と切っても切れないなかで発達した概念**である。

通人を牽引したのが**札差**《ふださし》という江戸の金融商人。もともとは旗本、御家人の給料として幕府から支払われる御蔵米の換金業者だったが、武士が困窮すると蔵米を担保に高利貸しをするようになり、享保期に急激に成長。一躍富裕層の仲間入りを果たした。その多くが浅草の御米蔵の

『守貞謾稿』より

前に店を構えたために彼らのファッションは**蔵前風**と呼ばれ、贅《ぜい》を凝《こ》らした出で立ちでの吉原通いの様子が羨望の的となる。

贅を凝らした、といっても決して見た目は派手ではなかったのが蔵前風の特徴。パッと見は地味な着物でも、よく見れば最高級の素材を使っていたり、下着に真っ赤な襦袢《じゅばん》や褌《ふんどし》をつけるなど、見えない部分に気を使ったり。これはある程度密着したり、肌を露出したりする段になって初めてわかるお洒落《しゃれ》といえよう。つまり**吉原での接近戦を意識したモテファッション**なのである。時は享保の改革真っ盛り。お上のお膝元でおおっぴらに贅沢《ぜいたく》はできないが、それでお洒落を諦めちゃあ男が廃《すた》る！　と言わんばかりの反骨心を感じる。

通人の間で流行したのが浄瑠璃《じょうるり》の一種・**河東節《かとうぶし》**だ。浄瑠璃というのは人形浄瑠璃や歌舞伎の劇中ＢＧＭとして用いられる三味線を伴奏にした節回しのある語りで、本場は上方《かみがた》だった。しかし江戸出身の十寸見河東《ますみかとう》が創始した河東節が出ると評価は一変。

その特徴は**派手だが淡泊で品がある**こと。たとえば邦楽の色調は甲《かん》（高くて華やか）、乙《おつ》（低くて艶やか）と表現されるが、上方浄瑠璃では圧倒的に乙を尊ぶ傾向があった。「乙なもの」という言葉もここからきている。しかし河東節はあえて甲を多用して、いわゆる「甲高い」音を響かせる、演奏中に「ハーオー！」と派手な掛け声をかけるなど、独自性を打ち出したのだ。これが新興都市として成長を続けるエネルギッシュな男の町、江戸の気風にベストマッチ。武士や富裕層に特に愛され、吉原の座敷で盛んに演奏されるようになった。

それまで文化といえば、上方からの下りもの。地元の江戸のものは**下らない**もの、なんて自虐的に考える節さえあった。しかし、幕府開府から百年以上たった享保期は、ようやく江戸らしさがポジティブにとらえられ、文化として肯定されるようになった江戸文化の転換期なのだ。

そのなかで吉原が果たした役割の大きさは計り知れない。**吉原は男性が女性との逢瀬《おうせ》を楽しむためだけの場所ではなく、江戸らしい文化を生み育む土壌**だった。

大衆化路線

玉菊燈籠、俄に続き、仲の町の夜桜（46ページ参照）が始まり、吉原三景容が出そろった

喜多川歌麿
『青楼六家撰 扇屋 花扇』

すたあ名鑑⑤

人情派アイドル

扇屋花扇

Ougiya Hanaougi

名前／花扇　**特技**／諸芸一通り・歌・書
勤め先／扇屋（花魁）

あるとき、田舎から出てきた真面目で仕事熱心な侍が同僚から吉原に誘われました。実はこれは遊郭での作法を知らない侍に恥をかかせようという陰謀。自分だけならまだしも、国元の主君までバカにされてはと思い悩んだ侍が思い切って相談したのが当時吉原No.１花魁・花扇です。事情を聴いた花扇は同僚たちの前で侍と夫婦であるかのように馴染んだ素振りを熱演。後日、侍が持ってきた50両の礼金も自分では受け取らず「これからもうちの店を御贔屓（ごひいき）にしてください」と従業員に分け与えました。

これだけ人情に篤い花扇ですから、とにかくモテます。来世を誓った客との間に交わす起請文と彼女の本気を表す小指を持った男が５人はいたそう。小指の数が合わない（笑）。恋愛テクニックも相当なものだったようですね。

ころ、最高位の遊女・**太夫が絶滅**した。江戸時代に描かれた時代考証の随筆『嬉《き》遊《ゆう》笑《しょう》覧《らん》』によると、宝暦初年（一七五二）には太夫は玉屋の花紫一人に、揚屋は尾張屋清十郎一軒になり、いつしかフェードアウトする。太夫と同時期に格子の存在も確認できなくなる。**いったい何が……?!**

これは時代の流れを反映し、吉原の客層が大きく変わったことを意味している。つまり、揚屋を使って高級遊女との贅の限りを尽くした逢瀬を楽しむような大名・豪商といったハイ

「この薬を飲んであなたも通人に！」という十八大通の図。彼らには歩き方にも型があり、両手を大きく振って腿を高く上げて町中を闊歩。髷の形も刷毛先を短く、月代（さかやき）を広くとるなど、独特で蔵前本多と呼ばれました。

クラスな利用者がほとんどいなくなり、中・下級の武士や一般庶民客が中心になっていったということだ。

大きな原因は享保の改革。改革の旗手たる八代将軍・吉宗は自ら率先して質素倹約に努め、大奥のリストラを実行するなど女性関係にも非常にストイックだった。各大名家でもこれにならい、藩主を筆頭に倹約生活を旨とし、各藩邸では日没前後の門限が徹底されるなど、娯楽は自粛ムードとなる。立場が高いほど窮屈な生活が強いられたのだ。

一方、商人を中心に経済は活況を呈し、生活が安定した庶民は娯楽を求めるようになる。**それまではハードルが高く縁がないと思っていた吉原も、仕事を頑張ってお金を貯めれば行ける場所**になった。

遊郭初心者の庶民にとって、揚屋制度や太夫に代表される吉原独自のルールや、べらぼうに高額な料金設定は全く理解不能。衰退するのも無理からぬことである。

揚屋の代わりに、遊郭内での遊びを手引きしてくれる引手茶屋《ひきてぢゃや》の需要が高まり、遊女もそれまでは太夫、格子の下に位置した散茶以下がトップに昇格。呼び出し昼三《ちゅうさん》（昼夜それぞれの揚げ代が三分、およそ六万円が基本料金。55ページ参照）を最高峰に新たな序列が誕生し、**大衆に開かれた新しい吉原の時代が到来**した。

幕府が重商主義政策をとり、経済が活性化した明和四年（一七六七）〜天明六年（一七八六）のいわゆる田沼時代には、通人のエリートとして二〇人くらいが**十八大通**と呼ばれてもてはやされたが、その多くは新興商人の札差で、武士は一人もいない。彼らは羽振りのいい遊びぶりから吉原でもとにかくモテて、男たちの憧れの的に。「俺たちも仕事を頑張って金を稼げば、ああなれるかも！」。十八大通は大江戸八百八町ドリームの象徴的存在だった。

終わりの始まり

ちなみに遊郭・吉原以外にも遊里が出現するのが、この時代である。幕府開府以来続く市街地の膨張、増え続ける男性人口のニーズに吉原遊郭だけで応えるのは実質不可能になっており、幕府は五街道から江戸に出入りする玄関口の宿場町、**品川、千住、板橋、内藤新宿の四宿の遊里化**を黙認した。

また、時を同じくして寺社仏閣の参道を中心に**岡場所**が台頭する。岡場所とは公認遊郭外の遊里のことで（言葉の由来は、遊郭の外の場所→ほかばしょ→岡場所になったなど諸説あり）、**完全無許可営業の私娼窟**であったが、繁華街の飲食店などに紛れて営業していたので、気軽に行けて遊興費が安いとあって、爆発的人気を呼んだ。安永三年（一七七四）の市中の岡場

喜多川歌麿
『當時三美人』

すたあ名鑑⑥

裏方から玉の輿系シンデレラ

富本豊雛

Tomimoto Toyohina

名前／豊雛　**特技**／歌・三味線・座敷の盛り上げ
勤め先／玉村屋（芸者）

喜多川歌麿が寛政期のトップアイドル三人娘を取り上げた美人画で堂々センターを張っているのが富本豊雛。彼女は花魁ではなく当時流行していた富本節の名手の芸者で、座敷のＢＧＭを奏でる裏方担当でした。かつての吉原であれば太夫を筆頭に諸芸一通りができて当たり前でしたが、このころになるとできないほうが当たり前。そのため芸事に特化した芸者の存在が必要不可欠になっていたんですね。豊雛はその後、寿退社で吉原を去りました。なんでも、さる大名に見初められ、その側室の座に収まったのだとか。夢の大出世を遂げたんですね！

ちなみに、ここに描かれている豊雛以外の２人は共に水茶屋の娘、つまり素人女性です。お江戸のアイドルトップスリーに吉原の花魁が入っていないなんて……時代だなぁ（涙）。

所は六〇カ所に上る。幕府取り締まれよ！　という感じだが、時の権力者・田沼意次は庶民の娯楽を奨励することで経済の活性化を狙っており、自身が隅田川の中洲を埋め立てて一大歓楽街をつくるなど、新興の風俗産業に対してはむしろ肯定的だった。江戸は**風俗戦国時代の様相**となる。

もちろん、そういったライバルの中でも江戸唯一の幕府公認遊郭・吉原のステイタスはゆるぎないものであり、公界として別格の存在感を誇っていたことは第一夜で紹介した通りだ。ただ、あの手この手で客を獲得しようとする四宿や岡場所の勢いはとどまるところを知らず、吉原も次第に大衆迎合を余儀なくされた。古き良き吉原遊郭の歴史の、終わりの始まりである。

質より量の時代へ

太夫絶滅と前後して吉原で上級遊女を指して使われるようになった美称が**花魁**だ。新造・禿《かむろ》といったデビュー前の遊女が、自分がついている上級遊女のことを話すときに「**おいらの姉さん**」と言ったのがちぢまって、「おいらん」と言うようになったのが語源という説がある。

花魁道中の様子も太夫がいたときとは様変わりする。

たとえば太夫が揚屋へ通う道中衣装は紗綾《さや》縮緬《ちりめん》の羽二重《はぶたえ》を用いたシンプルながら上質なもので、同じ衣装は絶対に着ない。また煙草も大量に持っていき、自分は一服だけ吸ってあとは揚屋にいる人に振る舞ったという。しかし太夫絶滅後の田沼時代になると、道中する花魁の衣装は錦糸入りのド

『守貞謾稿』より：どんどん派手化してゆく遊女たちの衣装。
左側は江戸の花魁（おいらん）、右側は京都の島原遊郭の最高位の遊女・太夫（たゆう）。帯の結び方や着物の裾の部分の褄綿（つまわた）の厚み、簪（かんざし）のさし方などに違いがあります。

派手なもの一着をずっと使い回すようになった。煙草も高価な煙草入れを持ち歩きはするが、人に分けることはしなくなる。つまり**見かけ倒しで中身がどんどんチープになってゆく**のだ。これには吉原運営上の切実な事情があった。

田沼時代のあとに行なわれた老中・松平定信による寛政の改革は、享保の改革を手本に綱紀粛正・質素倹約を旨とするもの。改革の目玉は**棄捐令**《きえんれい》だ。困窮する武士への救済措置として、幕府が札差に旗本・御家人の借金の帳消しを一方的に命じるという横暴なもので、江戸の金融業界は混乱し、大恐慌状態となった。結果、栄華を誇った十八大通をはじめ、羽振りのいい客が遊郭から姿を消し、**吉原は開基以来の不景気に直面**することになったのだ。

また庶民の娯楽全般、特に違法風俗店を厳しく取り締まり、岡場所で私娼狩りが行なわれたため、職を失った下級遊女が吉原に大量流入。こうなると易きに流れるのが人心で、高級遊女を扱う妓楼ほど閑古鳥《かんこどり》が鳴くようになった。

そこで行なった苦肉の策が、**花魁の指名料の値引き**である。たとえば当時の遊女の最高位・**呼出し昼三**は昼の遊び代が金三分、夜の遊び代も金三分、一日遊ぶと三分＋三分＝一両二分（およそ一二万円）という意味だった。ところが、寛政の改革を機に昼夜遊びで一両一分（およそ一〇万円）に、しれっと価格改定したのである。花魁の実働時間を変えずに価格だけ下げ

歌川国貞
『風流生人形』

すたあ名鑑⑦

全江戸が泣いた?! 復興の女神

佐野槌屋黛

Sanotsuchiya Mayuzumi

名前／黛　**特技**／~~売名~~自己犠牲
勤め先／佐野槌屋（花魁）

７歳のときに両親の元を離れて吉原で禿になった黛は絶世の美貌の持ち主。性格もよく、花魁デビューの道中（突出し）の様子は浮世絵で大々的に報じられるなどして将来を嘱望されます。デビューから２年後に起こった安政の江戸大地震では、自分が身に着けていた装飾品を売り払って200余りの行平鍋を購入。被災者向けの炊き出しに使ってほしいと無償提供しました。売名行為と言われようが、自分の名前が世に知られれば、安否不明の両親の情報もわかるかもしれないという思いがあったようです。

この自己犠牲的な行動が人々の感動を呼び、幕府から報奨金が出て、浅草寺境内では彼女の一代記を生き人形で紹介する展示興行が行なわれるなど復興のシンボル的存在となりました。

たわけだ。高級遊女としてのクオリティの維持が困難になっていったことは想像に難くない。〝白河（白河藩藩主だった松平定信のこと）の清きに魚も住みかねて　元の濁りの田沼（田沼意次のこと）恋しき〟という落首からもわかる通り、寛政の改革は吉原をはじめとする庶民からの絶大な不人気によって失敗に終わった。

見た目はバブルだけど……

続いてやってきた文化文政期（一八〇四〜一八三〇年）は、寛政の改革からの反動で庶民文化が躍動した時代。特に風俗産業が異様な盛り上がりを見せた。何しろ、時の十一代将軍・徳川家斉《いえなり》は側室四〇人、子供五五人を誇る絶倫将軍。トップを筆頭に大奥女中と役者や僧侶との密会など、男女がらみのスキャンダルが連日、市井をにぎわせる。頽廃的な空気感は庶民の間にも蔓延し、岡場所が以前にも増す勢いで息を吹き返していった。

ただ、残念ながら、この時期の吉原文化に特筆すべきトピックはほとんどない。あえて言うなら**化粧が濃くなり、衣装もケバケバしくなった**ことぐらい。**とにかく派手さが命のバブルファッション**が流行ったのだ。これは吉原に限らず、江戸全体の女性に言える文化文政期の風俗的傾向なのだが。

ちなみに、全盛期の吉原の高級遊女はほとんどスッピンだった。素材の良さこそが尊ばれたわけだが、遊女の全体的な質が下がっていたこのころの吉原では、そうも言っていられなくなっていたのだろう。厚ぬり化粧でアラをごまかすようになり、いつしか岡場所の遊女と吉原の遊女の区別はほとんどつかなくなっていた。似たり寄ったりなら、より安く気楽に遊べる岡場所に客が流れるのも当然である。

　式亭三馬《しきていさんば》が文化八年（一八一一）の日記に「此《この》節《せつ》吉原は甚だ不景気哉」と記すほど、吉原の人気は凋落していた。

待遇改善を求む！遊女の反乱

　バブリーな文化文政期のあとに行なわれた**天保《てんぽう》の改革**（一八四一～四三年）は、享保の改革、寛政の改革で行なわれた綱紀粛正＆

『守貞謾稿』より

名所江戸百景
廓中東雲

質素倹約をより苛烈に強いるもの。七〇カ所以上はあったといわれる岡場所は残らず取り潰しとなり、遊女屋と私娼はすべて吉原送りとなった。結果、中小以下の規模の妓楼が大量に開店。全二五九軒のうち最高格の大籬《おおまがき》の大見世は一軒のみとなる。

また、**天保の大飢饉**により疲弊した農村部から、現金収入を得るために娘を江戸へ売るケースも多発。このため田沼期に二二七〇人だった遊女・禿の総数が倍の四三九三人に膨れ上がった。子供のころから吉原で諸芸一通りを仕込まれて座敷デビューを迎える花魁はほんの一握りとなり、ほとんどは岡場所上がりか、農村部から二束三文の値段で売られてきた経験の浅い遊女。即戦力として座敷に出るようになった彼女たちにはなんの芸もなく、売り物と言ったらその身一つだった。妓楼での扱いも次第に粗雑になってゆく。遊女たちの劣悪な環境を物語るのが**放火騒動の多発**である。

文政期から、吉原では遊女による放火があとを絶たず、嘉永二年（一八四九）には三回の放火があり、いずれも主犯の遊女が流罪になった。特に同年八月五日に発生した京町一丁目の梅本屋放火騒動は、**一六人の遊女が結託して一斉蜂起**したもの。自分たちを抱える梅本屋に火をつけて周囲に延焼しないように計画し、消火活動の混乱に紛れて名主宅に飛び込み、楼主・佐吉を告発。捜査の過程で明らかになったのは、**梅本屋のブラックすぎる経営実態**である。

歌川広重『名所江戸百景
廓中東雲（かくちゅうしののめ）』

梅本屋は、もともとは根津の岡場所で営業していたが、天保の改革で吉原に移転した惣半籬《そうはんまがき》の小見世。典型的な新参者だ。遊女に対して与えていた食事は朝夜の二回。日に三回出ることは稀だった。また献立は雑穀を混ぜて薄めた雑炊のようなものに、腐った沢庵。ほとんど味噌を入れていない味噌汁などで、臭くて食べられたものではなかったという。稼ぎが少ないと言って殴る蹴る縛り上げるといった暴行は当たり前のように毎日行なわれていた。命の危険を感じた彼女たちが決死の覚悟で決行したのが勤めている梅本屋への放火だったのである。

結局、梅本屋は全財産没収の上、楼主・佐吉が流罪に。主犯格の遊女四人も流罪となった。江戸時代は放火はボヤであろうと死刑が適用される大罪であったことを考えると、温情的な処分ともいえる。でも、**もっと優しくしてくれていいのよ……。**

遊女大安売

嘉永四年（一八五一）には角町の半籬《はんまがき》の中見世・万字屋が〝**遊女大安売　現金　引手なし**〟という衝撃的な文言で始まる引き札（客引き用のチラシ）を配っている。その内容は「最近吉原が不景気

『遊女大安売』（早稲田大学図書館蔵）

なのは、わかりにくい引手茶屋のシステムのせいです。遊女の揚げ代とは別に、引手茶屋からの紹介料と称して多額の遊興費がかかるのがお客様から大不評。つきましては、当店では営業法を刷新いたしまして、引手茶屋からの紹介は一切受け付けません。直接ご来店いただいたお客様に（吉原細見に書いてある）価格通りの金額でお遊びいただけるようにいたします。**お徳用の遊女をたくさん仕入れ**皆様のお越しをお待ちしております（筆者現代語訳）」というもの。この他に高級遊女の値引き価格や、慣例になっている馴染金などの祝儀の金額も客に任せることなどが明記されている。

　万字屋に触発され、同規模の妓楼では値下げ合戦が始まった。**プライド皆無。**

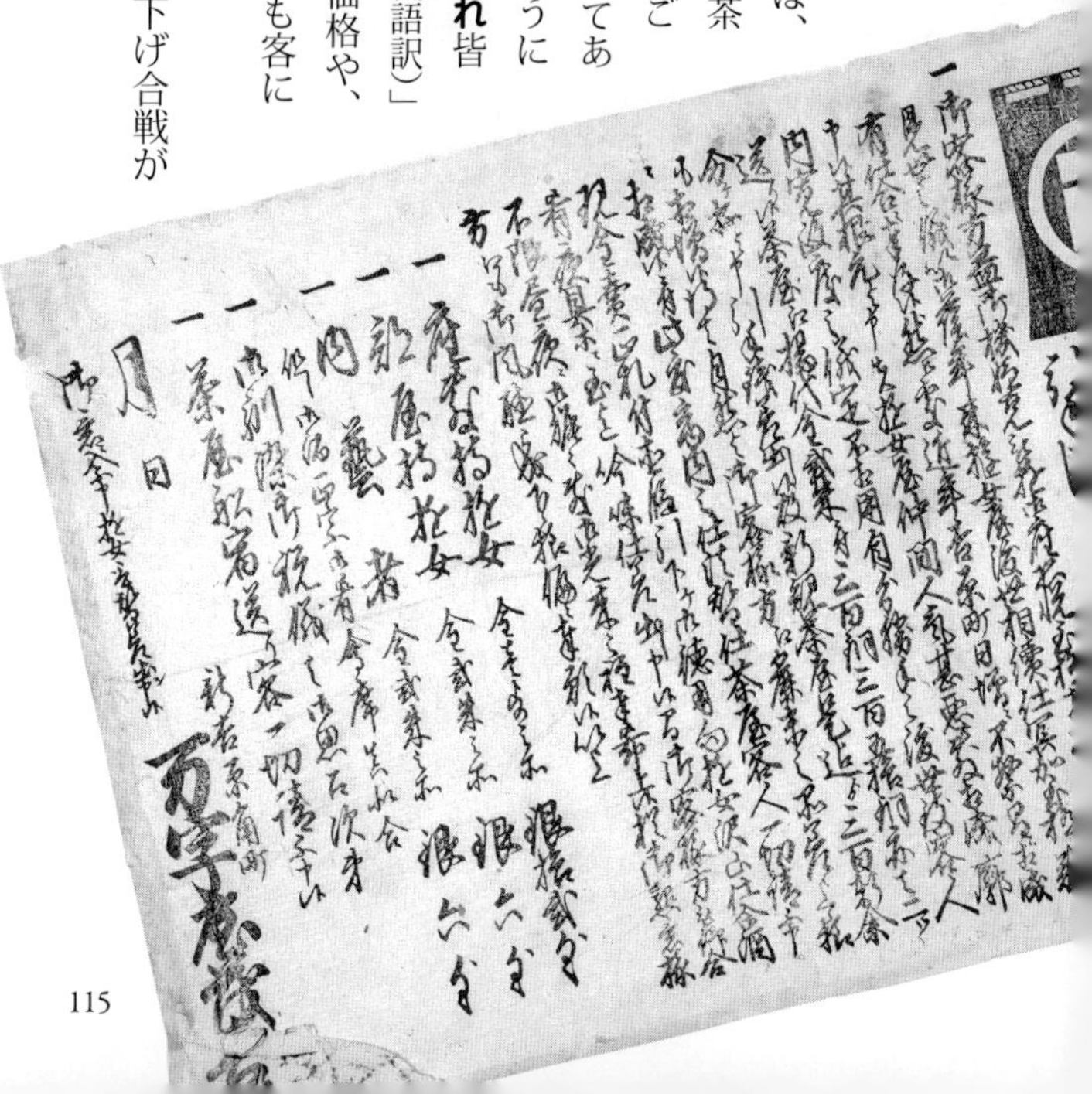

嘉永六年（一八五三）に黒船が来航すると世間は騒然となり、客足は吉原からますます遠ざかる。同年には唯一の大籬《おおまがき》である玉屋までもが苦肉の策として、「揚げ代一分の場合、酒五合＋吸物＋口取《くちとり》肴《ざかな》（下戸な方には煎茶、薄茶、御菓子をご用意）」という客に媚《こ》びたサービスを始めている。

なりふり構わぬ妓楼の集客によって、遊女たちの労働はますます過酷になった。

仮宅はこの世の地獄

負のスパイラルは止まらない。

ちなみに絵の左下に、頭にごちそうを乗っけたお兄さんの姿が（笑）。これは通称・喜の字屋と呼ばれた仕出し屋さん。吉原では座敷の料理は店では作らず、喜の字屋から出前を取ることになっていました。運び方にも遊び心を感じますね。

安政二年（一八五五）十月二日夜十時ごろに江戸の町をマグニチュード7クラスの直下型地震が襲った。**夜間営業真っ只中の吉原は大パニック**。もともと田圃を埋め立てて造ったので地盤が緩く、多くの家屋が倒壊した上に、地震前後に発生した火災による被害が甚大だった。

高尾太夫を輩出した老舗《しにせ》の三浦屋では、楼主・吉右衛門が火事から遊女たちを助けようと穴蔵に避難させて自身もそこに入ったが、予想以上の猛烈な火の手が襲ってきて穴蔵に入った全員が蒸し焼きになって死亡するという悲劇が起こっている。吉原は四方を堀に囲まれ出入り口が限られた特殊区画であることから逃げ遅れた人も多く、一〇〇〇人とも言われる死者を出した。まさに地獄絵図だった。

しかし、**遊女にとっての本当の地獄は生き延びた先に待っていた**。被災から二カ月後に、**仮宅**での営業が始まったのだ。仮宅とは廓内全焼などによって営業困難になったときに、江

『當世仮宅遊』：仮宅での営業に殺到する男性たち。よく見るとナマズの姿も?! 当時は地震はナマズが起こすと考えられており、安政の江戸大地震の直後にナマズを描いた浮世絵〝鯰絵（なまずえ）〟が大流行しました。

戸市中の浅草、本所、深川といった繁華街の住宅を間借りして、仮の店舗で営業すること。即席店舗なので遊郭内のような大籬、半籬、惣半籬のような見世ごとのランクづけがなく、遊女の装いから宴会、料理にいたるまで、すべてを簡略化せざるをえないため、価格設定が**非常にリーズナブル**なのが特徴だ。

安政の江戸大地震のあとの仮宅人気は凄まじく、復興を担う土木関係の男たちを中心に賑わいを見せた。『東京市史稿』市街篇に掲載されている吉原の名主から奉行所に提出された報告書をもとに計算すると、営業開始からひと月で合計およそ一四万人が遊び、約五万二〇〇〇両（およそ二六億円）を売り上げている。**焼け太りここに極まれり**。ここから算出される一人あたりの遊興費の平均が二万円を切ることを考えると、仮宅営業の薄利多売ぶりに驚かされる。

また、普段から遊び慣れていない客が多かったため、トラブルも多発。客同士の喧嘩は日常

葛飾北斎
『北斎漫画』より

茶飯事だったし、遊ぶ金欲しさに公金を横領して打ち首になった若者、医者に化けて仮宅通いをしていたことがバレて日本橋に晒《さら》された僧侶などが続出した。遊客二人と遊女二人のグループ心中事件まで起こっている。

こんな混沌としたなかでも、**楼主は少しでも利益を上げるため、遊女をフル稼働させ、馬車馬のように働かせていた**のだ。死んでも地獄、生きても地獄。これが幕末の吉原だった。遊女にとって公界は苦界となり果てた。

終焉

六百日間の仮宅営業を終えて、吉原遊郭は元の浅草田圃に復興した。しかし桜田門外の変があっ

た万延元年（一八六〇）からちょうど二年おきに三回火災が起こり、その都度全焼して仮宅営業を行なっている。**物凄く計画的な火事だったような印象**を受けるのは私だけだろうか。

この時期は幕末の世相の混乱に加え、コレラ、麻疹《はしか》といった伝染病の流行も手伝って、吉原への客足は遠のく一方。遊郭の経営を維持するためには、定期的な仮宅営業で利益を出さざるをえなかったというのが実情だっただろう。本末転倒感がスゴイ。

明治元年（一八六八）、幕府瓦解とともに幕府公認の遊郭というアイデンティティを失った吉原。盛り場としての寿命ももはやこれまで……かと思いきや、意外や意外、近年まれに見る大盛況となっていた。薩長をはじめとした新政府の高官はみな地方出身者。一度は花の吉原に行って遊んでみたい！　というニーズが多かったのだ。

新しい顧客となった彼らが遊女たちをどう見ていたかは、明治五年（一八七二）に出された娼妓解放令の中の文言によく表れている。

〝娼妓芸妓ハ人身の権利ヲ失フ者ニテ、牛馬ニ異ナラズ〟

そこには彼女たちへのリスペクトは微塵《みじん》も感じられない。古き良き遊郭・吉原はその生命を完全に終えたのである。

『新吉原江戸町二丁目
稲本屋内　小稲』

すたあ名鑑⑧

純愛の女傑

稲本屋小稲

Inamotoya Koine

名前／小稲　**特技**／~~貢ぐ~~金策
勤め先／稲本屋（花魁）

幕末から明治にかけて活躍した小稲（４代目）は、隻腕の美剣士・伊庭八郎とのエピソードが有名です。八郎は戊辰戦争を旧幕府方として転戦し、箱館五稜郭を目指しますが資金不足から渡航困難に陥りました。そこで吉原のトップスターである馴染の花魁・小稲に人を遣り、50両の金を借りようとしたのです。事情を聴いた小稲は気前よく50両の金を用意しました。箱館に行けば八郎は戦死し、貸した金は２度と返ってこない、つまり自分の年季奉公がその分長引くことを覚悟の上での出資でした。侠気がありますね。

ちなみに洋画家の高橋由一が描いた「花魁」は小稲がモデルと言われていますが、浮世絵のような美人ではありません。花魁は理想化されてナンボ。リアルに描けばいいってもんじゃない！

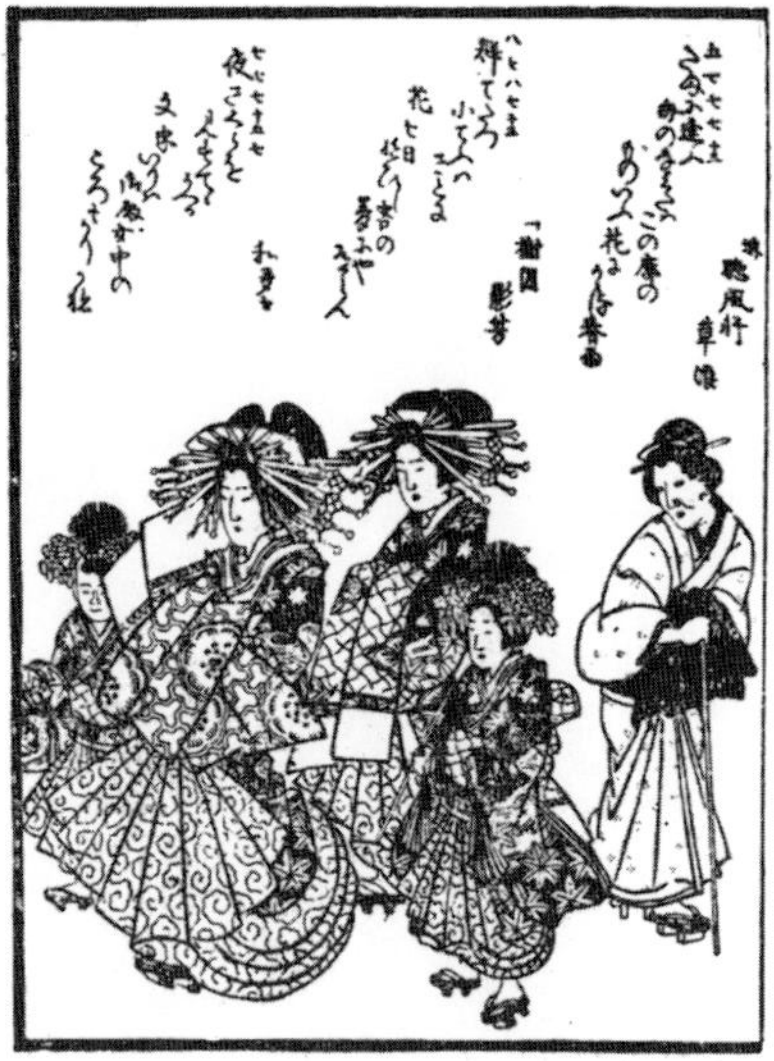

第三夜　夢の国のリアル

クヤード

した様子です。

１階は左奥に描かれている張見世（はりみせ）以外は妓楼の従業員の日常生活の場で、トイレ、風呂、賄い用の炊事場などがありました。客は玄関から入ったらすぐに履物（はきもの）を脱いで２階座敷に上がります。

吉原のバッ

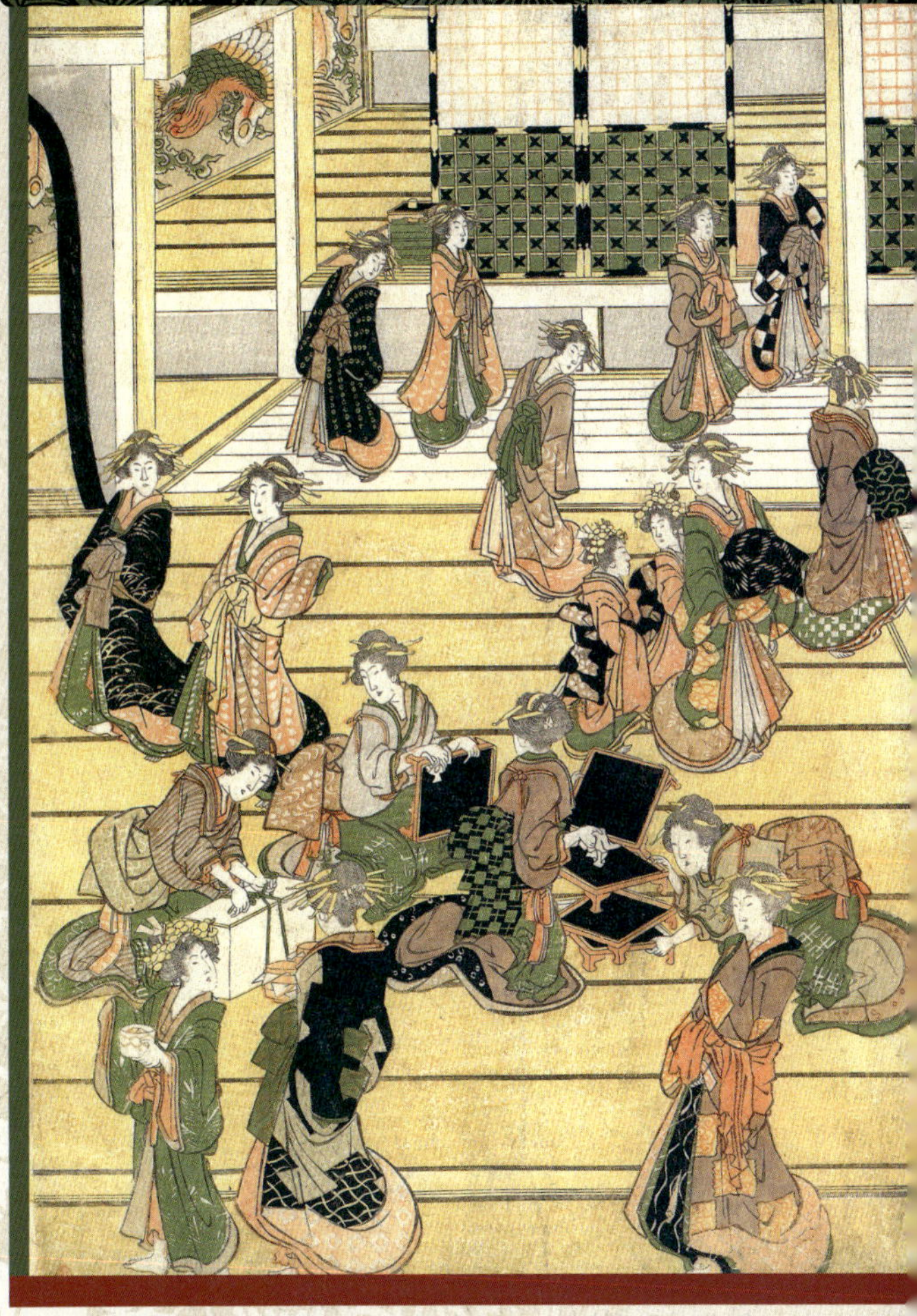

葛飾北斎『吉原妓楼の図』より（山口県立萩美術館・浦上記念館蔵）
華やかな世界の舞台裏、どうなっていたんでしょうか……。
こちらは昼見世（ひるみせ）と夜見世（よるみせ）のあいだのアイドルタイムの妓楼（ぎろう）1階の様子。まだ客が来ない時間なので、遊女や禿（かむろ）もリラックス

レッツゴー舞台裏

芸能界にはアイドルと呼ばれる人たちがいる。以前は若者に絶大な人気を誇るスターーで、手が届かない高嶺の花というイメージがあったが、最近では握手会など、物理的に手が届く機会が設けられることでファンとの距離が近くなり、より親しみやすい存在になってきた。いずれにせよ、ファンの欲望や時代のニーズを汲み取って、プロデューサーをはじめとした運営スタッフ、芸能事務所など様々な裏方の思惑によってつくられた存在＝偶像であることに変わりはない。

吉原の遊女はトップアイドルである花魁《おいらん》を筆頭に、まさに理想の彼女や妻の偶像だったのであり、その世界観を成立させていたのは多数の裏方スタッフだった。江戸後期の様子を見てみよう。左に掲載した絵は、妓楼《ぎろう》の一階にある内所というスペースを描いたものである。営業中の楼主《ろうしゅ》夫婦の執務室兼応接間で、従業員のミーティングや商談などが行なわれた。

楼主は妓楼の経営のトップで、忘八《ぼうはち》とも呼ばれる。『吉原大全』によるとその由来は、仁・義・礼・智・忠・信・孝・悌といった八つの徳目を忘れさせるほど面白い場所を提供する人ということになっているが、実際には遊女たちをこき使い、遊客から金をむしり取る、八つの徳目を忘れた人非人という、さげすみの意味も含まれていたらしい。

楼主

アイドルを生かすも
殺すも運営次第！

大文字屋の初代楼主・市兵衛は伊勢から江戸へ出て吉原で一旗上げようとやってきた人で、初めはお歯黒《はぐろ》溝《どぶ》沿いに河岸見世《かしみせ》（151ページ参照）を開くも、なんとか五丁町に進出したいと**遊女の食事をすべて安いカボチャにして経費を節減**。ヒドイ！　しかし、これが功を奏して、見事京町一丁目の表通りに店を構えたため、「カボチャ」とあだ名された。

当時子供たちの間で流行っていた歌に「ここに京町大文字屋のカボチャとて　その名は市兵衛と申します　せいが低くて　ほんに猿まなこ　かわいいな　かわいいな♪」とあるよ

式亭三馬『昔唄花街始（むかしうたくるわのはじまり）』より：内所での楼主ミーティングの様子。肩をもんで点数を稼ぐ花魁の姿あり、泣いて謝る花魁の姿あり、悲喜こもごもです。

歌川国貞『吉原遊郭娼家之図』より：先導する２人の男性のうち、左側は茶屋の従業員で、右側が妓楼（ぎろう）の若い衆（二階廻し）。どの座敷に案内しようか相談中の様子。後ろの男性２人組が本日のお客様で、後ろに女芸者がぴったりとついて会話を盛り上げます。おもてなしに死角なし！

うに、ユニークな外見だったよう。名物社長といったところか。

ちなみに彼は園芸を愛する文化人でもあり、跡を継いだ二代目も加保茶元成《かぼちゃのもとなり》のペンネームで天明狂歌壇の一翼を担う教養人だった。花魁を中心に見世《みせ》をいかにブランディングしてゆくか手腕を問われる**妓楼の経営には、情緒的価値を理解するセンスが求められた**のだ。

男性従業員は役得か？

楼主のもとで妓楼運営の実務を担当するのは男性従業員だ。彼らは若かろうが年寄りだろうが「**若い衆**」と呼ばれた。

帳場を預かる金庫番の**番頭**を筆頭に、見世先で遊客におススメの遊女を紹介する**見世番**。表通りに出て呼び込みをする**客引き**。座敷に上がる遊客の履物《はきもの》を管理する**下足番**など、持ち場によって業務が分業化されており、右の絵には座敷のある二階を仕切った**二階廻《まわ》し**が描かれている。

二階廻しは遣手《やりて》（遊女などを監督したり、お客をさばいたりする役。多くは老女が務めた）の下について、遊客の座敷への案内から出前の手配、諸々の集金までをこなし、座敷から座敷へ客を掛け持ちする遊女が気持ちよく仕事ができるよう機嫌を取るなど、多方面に気を配らなければならないポジションであった。

他にも従業員の賄《まかない》を作る**料理番**や**風呂番**、掃除や力仕事などの雑用をする**中郎**、深夜の警備を行なう**不寝番**などの雇人がいた。不寝番は暁九ツ（午前〇時）に拍子木を持って二階を廻って火の用心を促したり、座敷の行燈《あんどん》に油をさして廻る警備員のような仕事で、遊女と客が取り込み中だろうが、容赦なく座敷に上がり込んで、淡々と業務をこなしたという。

役得だな～と思うなかれ。彼らにとって**妓楼は職場、遊女は商品、房事は日常**なのだ。万が一、遊女と若い衆の色恋沙汰が発覚しようものなら、両者ともクビになって遊女は下級ランクの見世へ飛ばされ、男衆は吉原追放となった。自身のリビドーとは切り離し、あくまで仕事として運営に携わる覚悟がなければ、逆にツライ職場だっただろう。

陰に徹した芸人たち

また、大見世では座敷の盛り上げ役として、自前でプロの芸人・**内芸者**を抱えていた。当初は太夫《たゆう》を筆頭に遊女自身が諸芸一通りをマスターしていたため、芸者はさして重要な存在ではなかったが、時代が下り、遊女の質が下がると、座敷を盛り上げる歌舞音曲担当（つまり余興＆ＢＧＭ係）として重宝がられるようになる。いわば、雰囲気づくりのスペシャリス

男&女芸者
あくまで盛り上げ役

トだ。

初めのころは**男芸者**が多かったが、岡場所で**女芸者**が流行すると、吉原にも女芸者を置くようになった。ただ、吉原遊郭内における絶対的主役は花魁なので、その引き立て役として男髷《まげ》に地味な着物で座敷に出た。岡場所の芸者は当たり前のように売春とセットで売り出していたが、吉原の芸者のウリは〝芸〟であり売春はしなかったのだ。

が、**「そのストイックな感じが逆にイイ！」**と、通人たちの間で女芸者を落とすラブゲームが流行。女芸者目当ての遊客も増えたため、ニーズに応えるように女髷を結って華やかに装うようになり、富本豊雛（105ページ参照）のようなスターも生まれて、花魁の

『おなまづ』より：遊客にいかに気持ちよく金を払ってもらえるか。芸者衆の腕の見せ所です。

人気を脅かす存在にまで成長した。

加熱する女芸者ブームの取り締まりのために、吉原の芸者は必ず妓楼の内芸者となるか、もしくは**見番**《けんばん》に所属して、その管理下に置かれるようになった。見番は妓楼からオファーを受けて現場に芸者を派遣する芸能事務所のような存在で、売春などの不正が起こらないように二人一組で出勤させるなど、素行管理に務めた。もし違反したら、本人をクビにするだけでなく、場所を提供した茶屋も営業停止になった。人気が出ようが何だろうが、吉原遊郭の中においては、**芸者はあくまで裏方**というスタンスから逸脱すること

卯ノ刻』。それぞれ夜 10 〜 11 時ごろ、深夜、夜明けごろの遊女と裏方の様子。

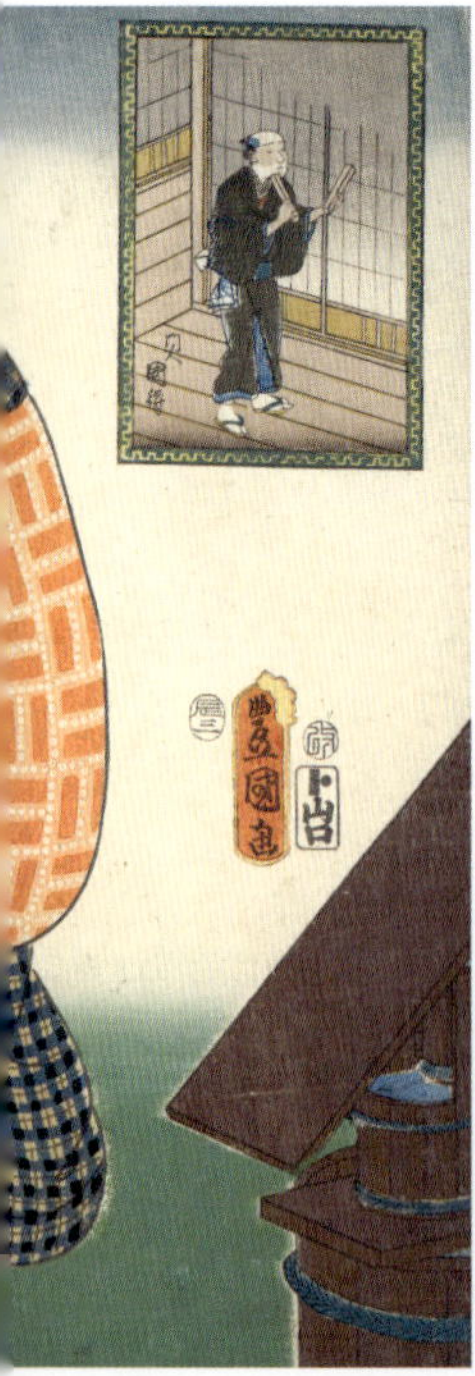

は許されなかったのだ。

また、男芸者のなかでも笑いの要素が強い芸人を**幇間**《ほうかん》**（太鼓持ち）**と呼び、その名の通り、たくみな話芸やモノマネ芸などで場がシラケないよう**間**を**幇**《たす》ける、遊興の盛り上げ役として欠かせない存在だった。幇間は市井にもいたが、たいした芸もなく単におべっかを使って小遣いをせびる輩《やから》が多く、江戸では吉原の幇間こそ一流とされていた。

花魁を取り巻く脇役

次のページで紹介する絵に描かれているのは、これから仲の町張りに向かう花魁道中チーム。❹がトップ遊女の

歌川豊国（三代）　右から『春遊十二時　亥ノ刻』『春遊十二時　寅ノ刻』『春遊十二時

花魁で、あとはそのサポートメンバーである。❶は**禿**《かむろ》。姉貴分の花魁について身の回りの雑用をこなす五〜十四歳くらいまでの子供。将来の花魁候補生だ。

❷は**振袖新造**。禿の期間を終え、新造出しというお披露目パレードを経てデビューをした新人だが、まだ客は取らない。可憐な振袖姿で姉貴分について廻り、道中や座敷に花を添えた。客を取るようになった❸**新造**は姉貴分からは独立するが、そこから道中を行なうような花魁になれるかどうかはわからない。人気が出ずに年季奉公の期間を終えた場合は、妓楼内の雑用係や❺**番頭新造**になるという選択肢もあった。番頭新造は客を取らずトップランクの花魁チームを指揮して、遊客や茶屋とのスケジュール調整

歌川豊国（三代）『繪本時世粧（えほんいまようすがた）』より
❶禿　❷振袖新造　❸新造　❹花魁　❺番頭新造　❻遣手婆

などをこなし、業務を円滑にするマネージャー的存在だ。

さらにその上に君臨するのが**❻遣手婆《やりてばば》**。妓楼に一人据えられる従業員の総監督的存在で、遊女の素行に常に目を光らせ、遊客の資金力などを見定めて未払いが起こらないように上手く遊ばせるなど、ベテランならではの采配が求められるポジションである。

次のページは床《とこ》入《い》り直前の最終打ち合わせのシーン。❹花魁に**❼引手茶屋の女房**が、耳打ちをしている。視線の先には遊客がいるのだろう、値踏みするような真剣な表情だ。

このように**花魁を頂点とする遊女が主役の吉原の世界観は、高いプロ意識を持った多くの男女が脇を固め、巧みに演出することで初めて成立**していたのである。

プロの手練手管

もちろん遊女自身も、プロとして日々の営業努力を欠かさない。

遊客をつなぎとめるために最も活用したツールが、**手紙**である。遊女は暑い日も寒い日も、営業時間中であろうとなかろうと、とにかく手紙を書いた。

『遊女案文』という、遊女が遊客にあてて書く手紙の例文集まで出ている。同書では〝馴染《なじみ》客〟〝しばらく来ぬ客〟〝年寄り客〟など用途に合わせて最適な例文を紹介。注釈には「どん

なに好い客、粋な客、金持ちな客でも心をゆるすな」などのアドバイス付きの親切仕様だ。

手紙は本人の手書きなのはもちろんだが、香をたきしめたり白粉《おしろい》の匂いを移したり、天紅《てんべに》といって手紙の上部に五ミリほど自分が唇に引いている紅と同じ紅で色をつけるなどの工夫を凝《こ》らした。テンプレートで一斉送信の営業メールとは、ありがたみが違う。

これは上客！　とターゲットを定めたら、たびたび足を運んでもらうために「主さんに、惚れんした♡」と信じさせるためのアピールを開始。起請文という厄除けのお札に、神仏に誓って自分の思いに嘘偽りがないことを書いて渡したり、目の前で飲み込んだりして本気ブリを示したり。さらにハードルを上げて、腕に〇〇命などの刺青を入れたり、小指を切って渡すなんてことも！

もちろん、**これは上客をつかまえるための方便**で、落語の『三枚起請』のように、一人で何人もの男宛に起請文を書くことはザラにあったし、〇〇命の刺青はよりよい客ができれば艾《もぐさ》で焼いて新しい文字を入れた。小指は花扇（101ページ参照）のように、二本しかないはずの小指を五人の男が持っているなんてこともあったくらいだから、オモチャの小指（死体の小指なんて説も！）を使ってごま

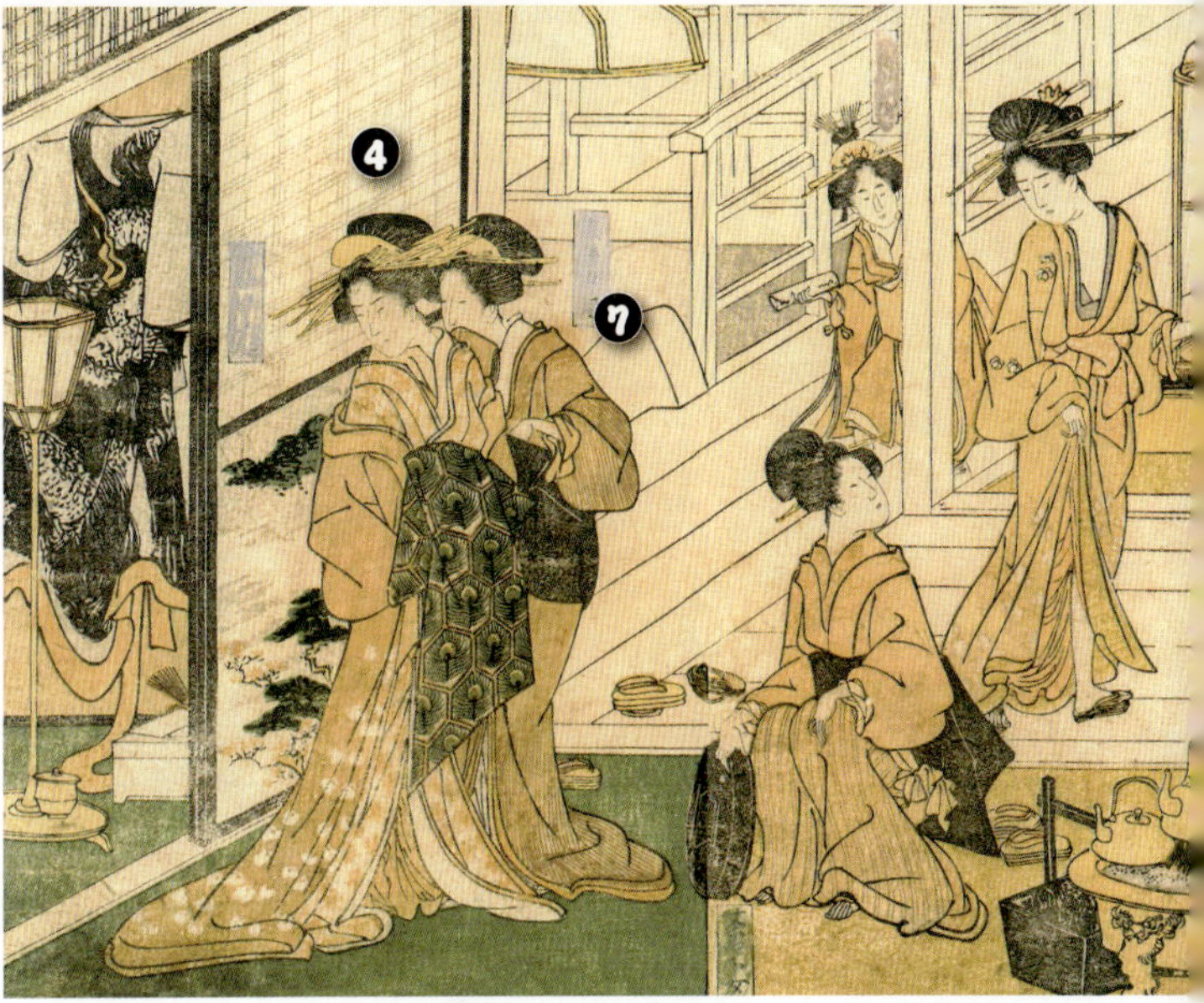

かしたようだ。
　もちろん、遊客のほうでも遊女が本気で自分に惚れていないことは承知の上だった。江戸時代に作られた長唄『吉原雀』のなかに、「女郎の真《まこと》と卵の四角　あれば晦日《みそか》に月も出る♪」とある。月の満ち欠けを基準にしていた旧暦では、十五日前後が満月でその後欠けてゆくから、晦日に月が出ることなどありえない。卵が四角いことだってありえない。それと同じくらい、**遊女の言動に真などありえない**ということだ。
　そんなことは百も承知。百も承知だが**「……ひょっとして俺だけには本気で惚れてるんじゃないか？」**そう思わせるの

歌川豊国（三代）『繪本時世粧』より
❹花魁　❼引手茶屋女房

がプロの手練手管なのである。

もっとも遊女には顧客獲得に必死にならざるをえない事情があった。遊女が吉原で輝くためには、物凄くお金が必要だったのだ。彼女たちの**衣装・ヘアメイク代や個室の座敷の調度品、布団代などの諸費用は、基本的に自分持ち**なのである。

妓楼内でのランクが上がれば、それと比例して出費も増え、花魁と呼ばれるようになれば自分についている妹分たちの衣装代はもちろん、新造出しなどのお披露目興行にかかる費用も持ってやらねばならない。肩代わりしてくれる馴染客がいなければ、遊女が妓楼に借金をしなければならなかったのである。

くわえて厄介なのが**紋日**《もんび》である。紋付を着るハレの日という意味合いの、要は正月や五節句など

上・喜多川歌麿『青楼絵抄年中行事』より：遊女が張見世で営業中にもかかわらず手紙を書いているところ。当時は女性が手紙を書くこと自体が珍しく、知的な様子にグッときました。

左・『吉原細見五葉の松（安永10年版）』より：景気がよかった田沼時代の吉原細見に掲載された紋日（もんび）。1月中は、ほぼ紋日というエグさです……！

の祝日にあたる特別営業日のことで、**この日の揚げ代は倍**になった。だいたい、どの吉原細《よしわらさい》見《けん》にも冒頭ページに紋日が記載されているので、私だったらこの日の遊興はぜひとも避けるが、馴染の遊女がいる遊客の場合はそうもいかなかった。この日に**客を取れなかった遊女は、所定の揚げ代を自腹で支払わなければならない**という特殊ルールになっていたのである。このため遊女は紋日にはあらゆる手練手管を使い、なんとしても馴染の予約を取りつけようとしたし、事情を知っている馴染客のほうでも義理を感じて登楼しないわけにはいかなかった。妓楼にとってはメリットしかなく、遊女と遊客にとっては負担でしかないシステムである。う〜ん、実にブラック。

長い廓務めの間には心底惚れる相手、いわゆる情夫ができることもあったが、その人にこういった莫大な遊興費を払い続けるだけの甲斐性があるとは限らない、**というか、ほぼない**。〝傾城《けいせい》に　真《まこと》があって　運のつき〟の言葉があるように、特定の遊客との恋愛に本気になると辛いのは遊女自身だったのだ。因果な商売である。

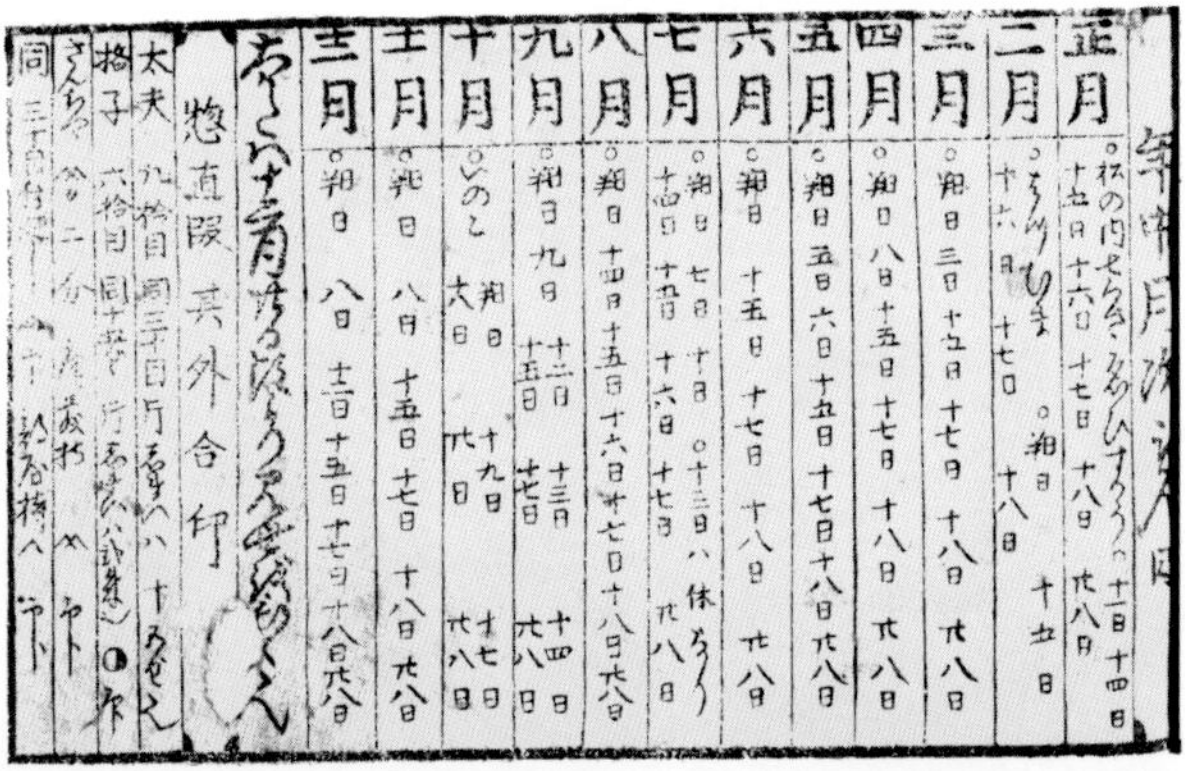
正月　○松の内七くさ　十一日　十四日　十五日　十六日　十七日　十八日　廿八日
二月　十六日　十七日　十八日　○朔日　十五日
三月　○朔日　三日　十五日　十七日　十八日　廿八日
四月　○朔日　八日　十五日　十七日　十八日　廿八日
五月　○朔日　五日　六日　十五日　十七日　十八日　廿八日
六月　○朔日　十五日　十七日　十八日　廿八日
七月　○朔日　七日　十日　十四日　十五日　十六日　十七日　○十三日ハ休なり　廿八日
八月　○朔日　十四日　十五日　十六日　廿七日　十八日　廿八日
九月　○朔日　九日　十三日　十五日　十四日　廿八日
十月　○ゐのこ　朔日　六日　十九日　廿日　十七日　廿八日
十一月　○朔日　八日　十五日　十七日　十八日　廿八日
十二月　○朔日　八日　十三日　十五日　十七日　十八日　廿八日
惣直段　其外合印
太夫
格子
同

遊女の一日

遊女たちの朝は早い。

一夜を共にした遊客が帰る際の、**後朝《きぬぎぬ》の別れ**。妓楼の二階、もしくは玄関先で「また来なんし……」と名残を惜しんで見せる姿は、次回の来店につなげるための最大の見せ場だ。

朝帰り客は夜明け前、明け六つ（午前六時ごろ）の帰宅を目途に起床する。江戸時代は夜が明けたら、つまり明け六つから新しい一日が始まる、という認識だったので、この時間に合わせて商店なども開店業務が始まる。それに合わせて帰路につく必要があったのだ。

ということは、遊女は朝帰り客が起床する前までに一通りの支度をすませ、営業モードに入らなければならなかった。あまりキチンとした格

好になる必要はないが、リアルな寝起きを見られたら千年の恋も醒《さ》めるなんてことになりかねない。そこはプロとして**リアルな寝起き〝風〟を演出**するのだ。同衾《どうきん》はあくまで接客なのである。

朝帰り客を見送ったあとに、初めてプライベートタイムが訪れる。二度寝をして今度こそ熟睡し、ゆっくり内風呂に浸かって、賄《まかない》で腹ごしらえをしてから昼見世に備えたいところだが、そうもいかないときがあった。**居続《いつづ》け**の客がいる場合である。

居続けは、一泊した遊客が帰らずにそのまま妓楼に居続けることである。江戸時代は犯罪防止の観点から、湯治などの目的でない限り連泊は禁止されていて、吉原も表向き居続けは禁止行為だった。ただ、滞在時間が長くなれば、それだけ遊興費がかさむ↓儲かるため、妓楼の本音としては金がある客は何日でも引き留めたいという事情から、居続け禁止は有名無実となっていた。

ただ、せっかくの貴重なプライベートを潰して接客しなければならない遊女の気持ちは複雑だった。居続け客は朝飯を食べて朝湯に浸かり、座敷を占領してダラダラと過ごす。**夫婦気取りか**と嫌みの一つも言ってやりたいが、金を落としてくれる以上ゾンザイには扱えず、

喜多川歌麿『青楼絵抄年中行事』より：
窓際で１人悦に入る居続けの客。この場に描かれている
女性全員の脳裏に「邪魔だな…」の
一言がよぎっていることでしょう。空気読んで！

あれこれ世話を焼く羽目になり、掃除一つするのにも気を使う。化粧や身支度など、異性の目に触れられずに済ませたい用事だってあるのに……。居続けはハッキリ言って迷惑であり、いい客とは思われなかったようである。

昼九つ～七つ（正午～午後四時ごろまで）は**昼見世**の営業時間。遊女は一階の張見世《はりみせ》に並ぶし、声がかかれば座敷での接客もするが、そんなに混雑することはなかったので比較的のんびり過ごした。この時間を利用して馴染客への手紙を書いたり、本を読んだり、三味線の稽古をしたり、禿の遊び相手になったりと、過ごし方は様々である。

昼見世の主な客層は、**江戸勤番の武士❶**。江戸藩邸の門限は暮れ六つ（午後六時ごろ）なので、それまでに帰宅しなければならないとなると、真っ昼間に足を運ぶしかなかったのだ。彼らは参勤交代に伴って地方から単身赴任でやってきた典型的なおのぼりさんで、着物の裏地に浅葱《あさぎ》色の布を当てていた。浅葱色は葱の葉っぱのような緑がかった薄い藍色で、汚れが目立ちにくく実用的ではあるのだが、裏を返せば**手抜きファッション**ということ。そんな恰好《かっこう》でモテてナンボの吉原に来ちゃうあたりお祭し

（笑）ということで、**「浅葱裏」と言えば勤番武士のような遊び慣れていない野暮《やぼ》な客の代名詞**になった。

❷は婦人病に効果があるとされた**淡島神社**（和歌山県・加太神社の俗称）**のお札売り**。浮き沈みの激しい業界のためスピリチュアルにハマる遊女は多く、八卦見《はっけみ》、手相見《てそうみ》、祈禱師《きとうし》などが訪れていいカモ……イヤイヤ、良き相談相手になった。

❸はキセルの掃除、交換業者の**羅《ら》宇屋《うや》**。キセルは遊女にとって最も大事な小道具の一つで、張見世で自分が吸いつけてすぐに呑めるようにした煙草のキセルを格子越しに客に渡

魚屋北渓（ととやほっけい）『北里十二時（ほくりじゅうにとき）』より
❶江戸勤番の武士　❷淡島神社のお札売り　❸羅宇屋　❹中間

歌川豊国（三代）『春遊十二時　未ノ刻』：未の刻（午後２時ごろ）の
昼見世の遊女。まだ幼い禿とカルタ遊びで時間を潰しています。

す〝吸いつけ煙草〟というテクニックもあった。いわば間接キッスで客を釣るのである。
❹は中で遊興中の主人を待っている**中間**《ちゅうげん》。客ではないので夜見世であれば見世番に追い払われるところだが、暇な昼見世なので大目に見てもらえているのであろう。

昼見世が終わると、夜見世までの間にはしばしのアイドルタイム。賄を食べて夜見世に備える。どこの店でも賄は、ご飯と味噌汁に香の物、たまに惣菜がつくぐらいの質素なもので、それだけではとても腹いっぱいにはならなかった。金持ちの馴染客をつけて美味い出前を取ってもらったり、小遣いを余計にもらったりするしかない！　ハングリー精神は自然と養われていく。また髪形や化粧を直しているうちに、あっという間に時間は過ぎるし、馴染客が早めに到着すれば接客をしないわけにはいかないから完全休憩というわけにはいかず、なんとなくそわそわして落ち着かない時間帯であった。

暮れ六つ（午後六時ごろ）には、いよいよ**夜見世**が始まる。各妓楼の内所の神棚に火をともして鈴を鳴らすと開店の合図。当番の新造&内芸者による三味線の清掻《すががき》が一斉に始まり、張見世には上級遊女が中央に座り、序列順に遊女たちが左右にズラッと並び出た。たくさんの直づけの男たちが張見世の格子越しに遊女を品定めしたが、大半が素見《すけん》と呼ばれた冷やかしや、見にきただけの観光客である。

馴染客の呼び出し（予約）だけで商売が成り立つ最上級の遊女は、張見世には出ずに花魁道中をして仲の町の引手茶屋へ向かった。吉原が最も賑やかで華やかな時間である。

当時の江戸の町木戸《まちきど》は、四つ（午後十時ごろ）に閉まるので、**宵帰りの客**はこの時間までには座敷をあとにする。遊女にとっては**長居せずにお金だけ落としてくれる大変有難い客**だ。

ただ、妓楼にとっては酒が入って遊びが盛り上がる稼ぎ時でもあるため、四つには時を知らせる拍子木をあえて打たずに、九つ（午前〇時）になって、ようやく**「あ、もうこんな時間ですか！　気が付きませんでした★（↑確信犯）」**と、四つの拍子木を打ったあとに続けて九つの拍子木を打つ、**引け四つ**という独自手法が慣例化していた。この時間までは新規客を受け入れ、八つ（午前二時ごろ）の拍子木でようやく**大引け**となり、

座敷での営業が終了。遊女はいったん一階に下りて床入りの準備をして同衾の時間となり、140ページの振り出しに戻る。これがおおよそ一日のルーティーンだ。

魚屋北渓『北里十二時』より

〝ありんす国〟の住人

以上のように、吉原の遊女たちは果てしなく過酷でブラックな労働条件で働いていた。

遊里を描いた落語の枕では、遊客の優劣を「**上は来ず、中は昼来て昼帰り、下は夜来て朝帰り、そのまた下は居続けをし、そのまた下は居残りをする**」と表現するが、遊女の身になって考えれば、これは実に言い得て妙だと思う。ちなみに居残りというのは、遊ぶ金がなくなって人質として妓楼に軟禁状態になっている客のことで、支払いが済むまで娑《しゃ》婆《ば》に戻ることは許されない。

お金がないのに吉原で遊ぼうなんて言語道断である。吉原の花である遊女たちは、他でもない、金を稼ぐためにそこにいるのだから。

彼女たちは、もともとは**女衒《ぜげん》**が親元と楼主を仲介するかたちで全国から集められてきた素人である。建前は年季奉公《ねんきぼうこう》（年限を区切った奉公）だが、**実態としては生活に窮した親が自分の子供を売って現金収入を得るための人身売買**

だ。特に飢饉や水害などで疲弊しがちな農村部がその供給源になった。

現代の感覚ではちょっと信じられないが、江戸時代以前からこうした身売りは慣習的に行なわれていたため、当時の倫理観としては別段珍しいことではない。少女たちはそれぞれの国言葉を矯正するために、**「〜でありんす」に代表される独特の廓言葉を習得**した。吉原を別名〝ありんす国〟と呼ぶのはこのためである。

江戸時代後期の記録によると、遊女候補生は四、五歳という年齢でわずか三〜五両（およそ一八〜三〇万円）の身代金で、親元から仲介業者である女衒に買われ、手数料を上乗せした金額で吉原の各妓楼に売られた。

年季は十年が相場（十六歳ごろまでは客を取らず稼ぎがゼロなので、この間は年季奉公に

歌川広重『東都名所　吉原仲之町夜桜』（山口県立萩美術館・浦上記念館蔵）：歌川広重が描く吉原の夜桜。満月のスポットライトを浴びる花魁（おいらん）の後姿には、どこか切ない雰囲気が漂います。

は含まれず、生活費・教育費は妓楼が一切負担した）。遊女として客を取り始めてから、妓楼から親へ前金で支払われた身代金の対価分を返済してゆくわけだが、前述の通り、デビュー後にかかる諸経費は自分で負担したし、紋日に伴う出費を払いきれない場合は妓楼に借金をすることになっていて、なかなかお金はたまらなかった。

年季中に吉原を出る方法には、遊客が遊女の身元を引き請けて落籍《らくせき》させる**身請け**があるが、妓楼から対価として**身代金と遊女自身の借金と遊女が年季まで務めた場合の推定収入まで含めた途方もない金額を請求**されるため、滅多に実現はしない。

また、年季が明けた遊女も、吉原にとどまるケースはとても多かった。**遊女たちは子供のころから遊郭という特殊空間の中で暮らしているので、一般社会に適応するのが難しかった**のだ。実家に居場所はすでになく、掃除、洗濯、料理といった基本的な家事さえまともに

やったことがない二十代後半の女性に嫁の貰い手はなかなかない。ましてや長屋の女房たちの井戸端会議に「何の話でありんす？」と言って馴染むのは残念ながら不可能だ。

現在のように女性の働き口がたくさんあるわけでもないので、仮に世間に出たところで自立した生活を送れる保証はどこにもなく、路頭に迷うのがオチだったのである。

このため年季明けの遊女を、妓楼が雑用係や番頭新造や遣手《やりて》として再雇用したり、遊郭内の商店など事情の知れた家の厄介になるケースが多かった。

または、**河岸見世《かしみせ》に流れて遊女を続ける**かである。

恐怖のアンダーグラウンド！　河岸見世

河岸見世は、お歯黒溝沿いに見世を構えた最下級の妓楼で、**年季を終えても行くあてのない遊女や、岡場所上がりの遊女、表通りでは働けなくなったワケあり遊女たちの吹き溜まり**になっていた。衣装も化粧も髪形も粗末なものだったが、ただ肉体関係のみを求める男たちにとっては恰好の遊び場だ。

河岸見世のランクは小見世と切見世に分かれており、小見世は一応二

岳亭『吉原形四季細見』より

階建てだが粗末な造りで、揚げ代は昼夜六〇〇文（およそ一万二〇〇〇円）、どちらかだけなら三〇〇文（およそ六〇〇〇円）という破格の値段設定。

その下の切見世は長屋造りで局見世《つぼねみせ》とも呼ばれ、一つの部屋は間口四尺五寸（およそ一・四メートル）の玄関を上がった先に二畳間があるだけの狭小スペース。ここが遊女の生活の場であり、布団を敷いて仕事場にもなった。揚げ代は数十分単位の時間制で、一切一〇〇文（およそ二〇〇〇円）という超破格の値段設定である。

岡場所と変わらぬ価格設定で吉原で遊べるわけだから、庶民のニーズは高かった。幕末には表通りの大見世、中見世、小見世の件数を河岸見世の総数がしのいでいることからも、その人気が伺える。

ただ、ここで働く遊女のほとんどが病気を抱えていたため、遊ぶのには高いリスクを伴った。しかも、三十歳を超えた海千山千のベテランが多いので、揚げ代以外に多額の遊興費を要求されることもしばしば。また、入るつもりがなくても頭巾や羽織を引っ張って見世に引きずり込まれ、既成事実を作られてしまうなんてこともあったというから壮絶だ。

特に大門《おおもん》から見て左側の河岸の客引きが強引で有名だったので、誰ともなく羅《ら》生門《しょうもん》河岸《かし》と呼ぶようになった。**遊客は身ぐるみはがされる覚悟が必要?!　なエリア**である。

喜多川歌麿『北國五色墨　川岸』
くわえ楊枝の河岸見世の遊女。片乳ポロリでも全く動じない貫録に圧倒されます。

遊女の休日

完全offは年二回！
貴重な休日、どう過ごす？

歌川国芳『五節句稚童講釈（ごせっくおさなこうしゃく）』より：
正月の御膳を囲む遊女たち。お餅が美味しそうです（笑）。よく見ると
遊女の階級に比例して御膳も豪華になっていますね。目指せ花魁！

貴重なｏｆｆの過ごし方

年間を通じて吉原の妓楼が**完全ｏｆｆとなるのはたったの二日**。元日と七月十三日だ。この日は客を一切取らないので、遊女たちにとっては待望の休日だった。

なにしろ朝早起きしなくて済むのがイイ。いつもは素行にうるさい遣手婆の小言も、この日ばかりは鳴りをひそめた。

元日の朝はゆっくり起きて朝湯に浸かり、前のページのように一階の広間の食膳について御節やお雑煮を食べる。吉原ではお雑煮を食べることを「羹《かん》を祝う」と言い、邪気を払うとされた葱《ねぎ》を添えて食すことで一年の健康を願った。もっとも、これは嵐の前の静けさで、翌二日には初買が始まり、正月行事が目白押し。怒濤《どとう》の毎日が始まる。

次のｏｆｆは半年後の七月十三日。十五日のお盆と十六日の藪入《やぶい》りは紋日にあたるので、遊女たちは前倒しの振替休日を取ったのだ。ちなみに七月のイベント玉菊燈籠《たまぎくどうろう》は、この日を利用して展示替えを行ない、

喜多川歌麿『青楼絵抄年中行事』より：
こちらは１月２日に行なわれた、
馴染みの茶屋への年礼の様子。
門松が大きい！

第二部に突入した。

丸一日休めるのは二日だけだが、**毎月一回は遊女の髪洗い日として半日休業日**があった。あの複雑怪奇な日本髪を結い上げるために伸ばした長い髪を崩し、鬢《びん》付《つ》け油《あぶら》を落としてキレイにするには大量の湯と結構な時間がかかり、妓楼総出で準備が必要なため、この日は夜見世からの営業としたのだ。つかのまのリフレッシュタイムである。

朝から妓楼一階の炊事場の大釜で湯を沸かし、妹分の禿《かむろ》たちが手伝って洗髪。元の通り、結い上げた。

ちなみに月一回の洗髪ではニオイが気になるところだが、遊女たちは普段から香料のきいた髪油を使いケアは万全だった。

女性の髪からフワッといい匂いがしてドキッ♡というのは今も昔も変わらぬ男心をくすぐる鉄板の演出である。

公休以外に休日を取りたい場合。稼ぎのいい遊女であれば、**身揚《みあが》り**といって自分で揚げ代を支払って自分を買う＝自主休業することも可能だった。この日はどんな客が来ても取り合わず、茶屋へ繰り出して大勢芸者を呼び出して散財した。何かとストレスがたまる遊女稼業、自分へのご褒美《ほうび》も必要なのである。

花見シーズンには妓楼によっては**内所花見**といって、一日営業を休んで御花見休暇をとることもあった。一階の内所を中心に遊女を含めた従業員一同が集まり、飲み食いをしたりゲームをしたり思い思いに過ごす。**一種の社内レクリエーション**といったところである。この日は一般客は受け付けないが、（金を出してくれる）気の置けない馴染客の参加はＯＫ。普段の接客

では見られない、遊女たちの素の表情が見られる貴重な機会だ。

また妓楼内部にとどまらず、近隣の花見の名所へ、**日帰りの慰安旅行**に出かけるケースもあった。江戸のガイドブック『江戸名所図会』には、隅田川沿いの桜を見に来たどこぞの大見世の一行の様子が描かれている。揃いの花見衣装を身にまとった遊女たちが並ぶ様子は壮観だ。土地勘のない場所ではぐれないようにするためか、禿たちは手をつないでいる。吉原から出たことのない彼女たちにとっては、大冒険だったことだろう。

妓楼単位の他に、金持ちの上客が馴染の遊女を一日買い上げて花見に連れ出すこともあった。もちろん妓楼の監視付きではあったが、年

右・磯田湖龍斎『北里歌』より：髪洗いで半休中の花魁（おいらん）。まだ、かゆそう（笑）。　上・喜多川歌麿『青楼絵抄年中行事』より：内所花見の様子。★は引込み禿（ひっこみかむろ）という、この妓楼の秘蔵っ子。他の禿とは区別して英才教育を受けた将来の花魁候補生です。

季が明けないうちは滅多なことでは外出できないから、遊女にとっては嬉しい一日となった。

遊女考

吉原の遊女を語る上で、忘れてはならないことがある。

それは、**遊女たちは、なりたくて遊女になったわけではないということだ**。彼女たちは田舎の親兄弟の生活を救うために自分を犠牲にして吉原で働き、年季を務めあげた。

女性の社会進出が進み、男女同権の現代において、家族を救うためという大義のもとに、年端《としは》も行かない子供が春を売り、金銭を得ることが正当化されることは絶対にあってはならない。

ただ、当時の社会状況、道徳規範、倫理観、そして江戸時代以前から当たり前に行なわれていた人身売買の歴史を鑑《かんが》みれば、遊郭は必要悪だったと理解せねばならないだろう（もっとも徳川幕府は人身売買を法令で禁止している。しかし農村部の貧窮という事情を考慮し、年季奉《ねんきぼう》公《こう》という名目での子女の売買を黙認している状態だった）。

そして、遊郭で働く遊女たちのことを、当時の人々は**非常に親孝行な存在**だととらえていたのだ。幕末に日本を訪れたオランダ人医師・ポンペも『ポンペ日本滞在見聞記』（沼田次

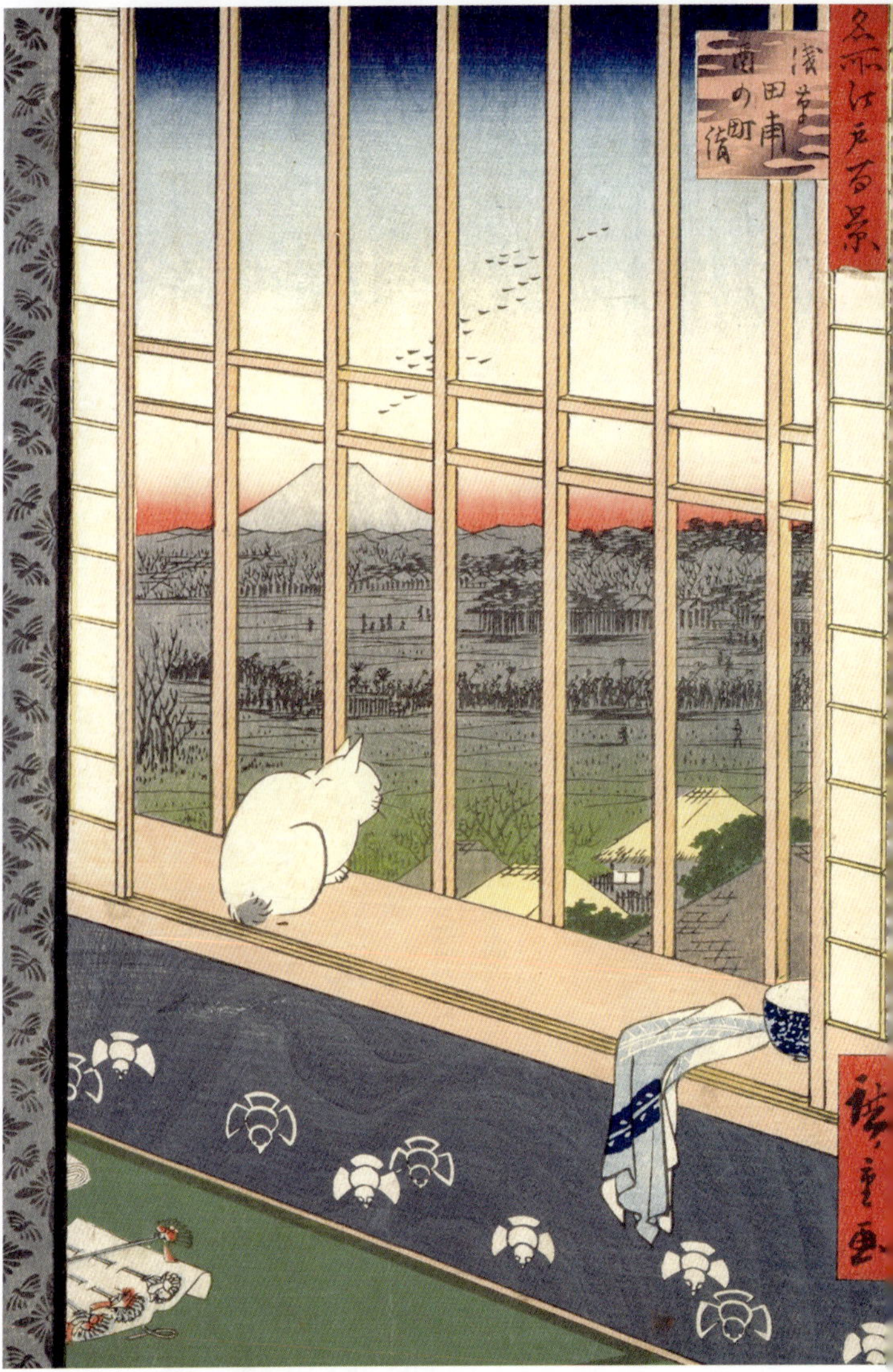

歌川広重『名所江戸百景　浅草田圃酉の町詣』：昼見世と夜見世の合間の時間の妓楼２階、遊女の座敷。窓の外を見つめる猫の眼光鋭く、ふてぶてしささえ感じる横顔が、廓の中でたくましく生きた遊女に重なります。

郎・荒瀬進共訳、雄松堂書店、一九六八年）のなかで、「ヨーロッパでは個人が自分で売春するのであって、だからこそ本人が社会から蔑視されねばならない。日本では全然本人の罪ではない。大部分はまだ自分の運命について何も知らない年齢で早くも売られていくのがふつうなのである」とその存在の特殊性を考察しているように、当時の日本社会は、**彼女たちを淫乱であると蔑むようなことはなく、むしろその境遇に同情的**であった。こういった視点も、遊女の偶像化に一役買っていたであろうことは想像に難くない。

また、同書には「日本人は夫婦以外のルーズな性行為を悪いこととは思っていない。まして『悪』とは思っていない」と記され、吉原のような遊郭が社会から少しも軽蔑されていないことを驚愕をもって紹介している。これは**当時の日本の社会通念では、男性が金を払って玄人《くろうと》女性と関係を持つことは浮気でもなんでもなく、一種の嗜《たしな》み**であったことを意味する。自身の甲斐性《かいしょう》を超えて金を使い込んだ場合な

どは当然叱責されるが、そうでなければ夫婦喧嘩《げんか》の種にもならなかったのだ。

女性が現金収入を得る手段が限られていた江戸時代、運と努力次第で上を目指せて、男性並みに稼げる職場は、大奥か吉原くらいしかなかった。そういう意味では、**大奥の奥女中と吉原の遊女は、キャリアウーマンの嚆矢《こうし》**と考えることもできる。

ただ、遊女の場合は、自身に職業選択の余地がなかった点は気の毒としか言いようがない。仕事柄、性病に罹《かか》り、たいした治療も施されずに若くして亡くなることだってザラにあったし、結婚して子供を産み、育てるといった女性としての普通の幸せは望むべくもなかった。

だが、その存在を〝可哀《かわい》そう〟という言葉一つで片づけてしまってよいのだろうか。

彼女たちは自分が犠牲になることで家族が救われているという事実を、辛い務めをこなす上での精神的支えにして、高いプロ意識で仕事と向き合っていた。花魁と呼ばれるようになれば、見世の看板としての自覚と妹分たちの面倒を見なければいけないという責任感が不可欠だし、錦絵に描かれるようにもなれば、トップスターとしてのプライドもあっただろう。

過酷な労働環境の中で気高く逞《たくま》しく咲き誇った花。

これが遊郭吉原の遊女だったと私は思う。

岳亭
『吉原形四季細見』より

※1　二十四時間制に置きかえた場合の目安。

時 ※1	時／場	吉原	江戸の町
6:00	明け六ツ	(後朝の別れ) 大門開く ・遊女二度寝	町木戸・三十六見附門開く※2
	五ツ		
	四ツ	・遊女起床	
12:00	九ツ	昼見世	
	八ツ	昼見世	
	七ツ		
18:00	暮れ六ツ	夜見世	三十六見附門閉じる※2
	五ツ	夜見世	旗本門限
	四ツ	大門閉じる	町木戸閉じる
24:00	九ツ		
	八ツ	(大引け) ・就寝	
	七ツ		

※2　江戸城の重要な門のこと。各藩邸の門もこの時間に開閉。

COLUMN ③ 時間の話

江戸時代の時間は、現在のように一日二十四時間で一時間は六十分というふうに決まっている定時法ではなく、日の出の三十五分前と日の入りの三十五分後をそれぞれ明け六つ・暮れ六つとし、昼と夜を六等分して一刻とする不定時法。つまり日の長い夏は日中の一刻が長く、冬は逆に短くなるというわけですね。また、現在は深夜二十四時に日付が切り替わりますが、当時は明け六つを境に新しい一日が始まるという認識でした。

上のタイムテーブルは現在の定時法と当時の不定時法の時間の感覚がだいたい一致する、春分と秋分ごろの想定で書きました。ざっくりとした目安として参考にしてください。

お日様と共に暮らす江戸人たちの朝は早く、明け六つと共に活動が始まります。夜も早く、遅くとも暮れ六つには終業、何もなければ五つ過ぎには就寝という具合でした。

そういった世間のサイクルとは全く別の時間が流れていたのが吉原。門限の早い武家向けの昼見世の始業時間が九つ、わずかなアイドルタイムを挟んで暮れ六つには夜見世の営業が始まります。この時間帯の主な客層は町人なので町木戸が閉まる四つが門限の目安ですが、宿泊前提でそのまま遊び続ける客も多く、引け四つ（実際は九つ※146ページ参照）までは新規客の入店OK。大引けとなる八つになってやっと閉店、就寝or同衾となります。

おわりに

著者懺悔《ざんげ》

ここまで、ネガティブな吉原観を少しでも払拭《ふっしょく》すべく筆を進めてきました。いかがでしたでしょうか？　少しはポジティブな印象をもっていただけましたか？

白状すると、実はもともとは私自身が吉原に対してネガティブな印象を持っていました。最初のきっかけは、中学生の時に樋口一葉の『たけくらべ』を読んだこと。その後、永井荷風の作品をはじめたくさんの吉原の関連書籍を読みました。古写真で見た格子越しにカメラを見つめる遊女の哀《かな》し気な雰囲気や、関東大震災の惨状は今でも脳裏に焼き付いています。

大学生の時に見た明治四十一年の吉原が舞台の映画『吉原炎上』（一九八七年公開／五社英《ごしゃひで》雄《お》監督）は遊女を演じる女優たちのヌードやいじめなど過激な描写も多く、吉原ってなんて悲惨な場所だろう、遊女ってなんて〝可哀そう〟な存在なんだろうと信じて疑いませんでした。そして退廃的な世界観こそ吉原の魅力だとさえ思うようになっていました。

その思いに変化が生じたのは社会人になってから。江戸文化に興味を持ち、歴史散策で現在の吉原を訪れ、近くにある遊女たちの投げ込み寺として知られる浄閑寺《じょうかんじ》にお参りをしたときのことです。ここには有名な川柳《せんりゅう》〝生まれては苦界　死しては浄閑寺〟の句碑があります。それを見て「あれ？　随分新しい句碑だな」と思うと同時にあることに気が付きました。

この句が作られたのは大正時代。句碑が建立されたのは昭和三十八年です。これまで触れてきた吉原作品もほぼ明治・大正・昭和にかけて制作されたものでした。

つまり、私のなかの吉原観は、明治時代以降の作品によって形成されたものということ。吉原が江戸時代から存在していたことは知っていましたが、きっと同じようなものだったのだろうと勝手に思い込み、その違いについて深く考えようとはしてこなかったのです。

改めて調べてみると、江戸時代とそれ以降、正確には明治五年の娼妓《しょうぎ》解放令以降の吉原は全く別のものといってよく、自分が大きな誤解をしていたことに気が付きました。私は反省するとともに万人に開かれた〝公界〟吉原の世界観に衝撃を受け、純粋に文化として面白いと感じ、いつか江戸時代の吉原に特化した本を書きたいと思うようになりました。

その願いを汲んで、前作『江戸はスゴイ』に引き続き担当いただき「吉原文化を魅せるためにカラーで作りましょう！」と決断してくださったＰＨＰ研究所の担当・川上達史さん、新書としては異例のビジュアルブック仕立てのデザインを実現してくださったウエル・プランニングの浅野邦夫さんと吉田優子さんに、この場を借りて御礼を申し上げます。

近年、花魁《おいらん》のファッションに注目が集まる傾向があります。映画やアニメ・漫画・ドラマなどの影響でしょう。最近では外国人が日本の伝統文化体験の一環として花魁の衣装を着て記念写真を撮るサービスや、日本人でも成人式や花嫁衣裳（！）を花魁風にしてほしいというニーズが増え、観光地のイベントとして花魁道中を目にする機会も増えました。

花魁をどこまで理解してやっているんだ、という批判の声もあるようですが、二百年前の遊女のファッションが現代人にウケている。この事実だけでも「吉原はスゴイ」と私は思うのです。きっと新しい時代になっても、人々の吉原への関心が消えることはないでしょう。

二〇一八年は吉原が開業した一六一八年から四百周年という節目の年。あの町に生きた遊女たちへのリスペクトと鎮魂の思いを込めて、この本を上梓します。

さぁ、名残惜しくはございますがそろそろお開きの時間です。最後までお付き合いくださり本当にありがとうございました！　またどこかで、お会いしましょう。

二〇一八年　四百年目の桜の季節

堀口茉純

歌川豊国（三代）＆歌川広重
『江戸自慢三十六興　新よし原仲の町の桜』

172ページ・歌川広重『東都名所 新吉原五丁町弥生花盛全図』

江戸自慢三十六興
新よし原 仲の町の桜
彫多七

参考文献

●庄司勝富『洞房語園』
●豊芥子『吉原大鑑』
●酔郷散人『吉原大全』
●菱川師宣『吉原恋乃道引』
●寛閑楼、佳孝ほか『北里見聞録』
●十返舎一九・喜多川歌麿『青楼絵抄年中行事』
●石川雅望・魚屋北渓『吉原十二時』
●喜田川守貞著・宇佐美英機校訂
『近世風俗志(守貞謾稿)』岩波文庫
●市古夏生・鈴木健一校訂
『新訂・東都歳事記』ちくま学芸文庫
●市古夏生・鈴木健一校訂
『新訂・江戸名所図会』ちくま学芸文庫
●喜多村信節『嬉遊笑覧』成光館出版部
●岩本活東子『燕石十種』中央公論社
●武陽隠士『世事見聞録』青蛙房
●稀書複製会編『明月余情』米山堂
●鈴木棠三他編『藤岡屋日記』三一書房
●岡山鳥編『江戸名所花暦』博文館
●塚本哲三校『石川雅望集』有朋堂書店
●西原柳雨『訂正増補・川柳吉原志』育英書院
●沼田次郎・荒瀬進訳
『ポンペ日本滞在見聞記』雄松堂書店
●長崎靖子編著『大東急記念文庫所蔵 式亭三馬自筆『雑記』影印と翻刻』武蔵野書院
●『武江年表』平凡社
●『洒落本大成』中央公論社
●『東京史市稿』東京都公文書館

●『国史大辞典　藤岡屋日記』吉川弘文館
●『江戸吉原叢刊』八木書店
●『吉原風俗資料』永田社
●『享楽文化絵誌』大鳳閣書房
●『日本古典文学大系』岩波書店
●『江戸時代文芸資料』国書刊行会
●『原色浮世絵大百科事典』大修館書店
●『ビジュアル・ワイド江戸時代館』小学館
●加藤貴『徳川制度』岩波文庫
●三田村鳶魚『花柳風俗』中公文庫
●興津要『江戸吉原誌』作品社
●網野善彦
『増補　無縁・公界・楽』平凡社ライブラリー
●若水俊『安政吉原繁盛期』角川学芸出版
●岩橋勝『近世日本物価史の研究』大原新生社
●小野武雄『江戸物価事典』展望社
●中江克己
『お江戸の意外な「モノ」の値段』ＰＨＰ研究所
●渡辺憲司『江戸遊女紀聞』ゆまに書房
●永井義男『図説吉原事典』朝日文庫

（デジタル化資料閲覧）
●国立国会図書館デジタルコレクション
http://dl.ndl.go.jp/
●東京大学史料編纂所データベース
http://wwwap.hi.u-tokyo.ac.jp/ships/db.html
●国立公文書館デジタルアーカイブ
https://www.digital.archives.go.jp/
●ジャパンナレッジ
https://japanknowledge.com/personal/

南傳馬町
壹丁目
蔦屋
吉藏板

PHP新書

PHP INTERFACE
https://www.php.co.jp/

堀口茉純［ほりぐち・ますみ］

東京都足立区生まれ。歴史タレント／歴史作家。明治大学在学中に文学座付属演劇研究所で演技の勉強を始め、卒業後、女優として舞台やテレビドラマに多数出演。一方、2008年に江戸文化歴史検定一級を最年少で取得すると、江戸に詳しすぎるタレントとして注目を集め、執筆、イベント、講演活動にも精力的に取り組む。著書に、『江戸はスゴイ』（PHP研究所）、『TOKUGAWA15』（草思社）、『EDO-100』（小学館）、『新選組グラフィティ1834-1868』（実業之日本社）などがある。

PHP新書1138

吉原はスゴイ

江戸文化を育んだ魅惑の遊郭

二〇一八年四月二十七日　第一版第一刷

著者――堀口茉純
発行者――後藤淳一
発行所――株式会社PHP研究所
東京本部――〒135-8137 江東区豊洲5-6-52
第一制作部 ☎03-3520-9615（編集）
普及部 ☎03-3520-9630（販売）
京都本部――〒601-8411 京都市南区西九条北ノ内町11
本文デザイン――ウエル・プランニング（浅野邦夫・吉田優子）
装幀者――芦澤泰偉＋児崎雅淑
印刷所
製本所――図書印刷株式会社

ISBN978-4-569-83792-5

PHP新書刊行にあたって

「繁栄を通じて平和と幸福を」(PEACE and HAPPINESS through PROSPERITY)の願いのもと、PHP研究所が創設されて今年で五十周年を迎えます。その歩みは、日本人が先の戦争を乗り越え、並々ならぬ努力を続けて、今日の繁栄を築き上げてきた軌跡に重なります。

しかし、平和で豊かな生活を手にした現在、多くの日本人は、自分が何のために生きているのか、どのように生きていきたいのかを、見失いつつあるように思われます。そして、その間にも、日本国内や世界のみならず地球規模での大きな変化が日々生起し、解決すべき問題となって私たちのもとに押し寄せてきます。

このような時代に人生の確かな価値を見出し、生きる喜びに満ちあふれた社会を実現するために、いま何が求められているのでしょうか。それは、先達が培ってきた知恵を紡ぎ直すこと、その上で自分たち一人一人がおかれた現実と進むべき未来について丹念に考えていくこと以外にはありません。

その営みは、単なる知識に終わらない深い思索へ、そしてよく生きるための哲学への旅でもあります。弊所が創設五十周年を迎えましたのを機に、PHP新書を創刊し、この新たな旅を読者と共に歩んでいきたいと思っています。多くの読者の共感と支援を心よりお願いいたします。

一九九六年十月

PHP研究所